忆老罗

赵启正 主编

上海交通大学出版社
SHANGHAI JIAO TONG UNIVERSITY PRESS

图书在版编目（CIP）数据

忆老罗 / 赵启正主编 . —— 上海：上海交通大学出
版社，2023.9（2023.10 重印）
ISBN 978-7-313-29270-4

Ⅰ . ①忆… Ⅱ . ①赵… Ⅲ . ①罗世谦 – 传记 Ⅳ .
① K827=76

中国国家版本馆 CIP 数据核字 (2023) 第 145644 号

忆老罗
YI LAO LUO

主　　编：赵启正
出版发行：上海交通大学出版社　　　　地　　址：上海市番禺路 951 号
邮政编码：200030　　　　　　　　　　电　　话：021-64071208
印　　制：上海盛通时代印刷有限公司　经　　销：全国新华书店
开　　本：710mm×1000mm 1/16　　　印　　张：13
字　　数：136 千字
版　　次：2023 年 9 月第 1 版　　　　　印　　次：2023 年 10 月第 2 次印刷
书　　号：ISBN 978-7-313-29270-4
定　　价：68.00 元

1943 年 3 月—2020 年 9 月

罗世谦同志，1943年3月生，安徽望江人，1973年12月加入中国共产党，1966年9月参加工作。1961年7月至1966年9月在中国科学技术大学无线电电子学系无线电技术专业学习。1966年2月至1981年9月任上海无线电二十一厂车间装配工、调试工、技术员、车间副主任、技术科副科长、技术办公室副主任、副厂长。1981年9月至1985年3月任上海仪表电讯工业局企业管理处副处长、党委副书记，其间兼任上海市工业整党办公室副主任。1985年3月至1987年4月任上海市外经贸工作党委书记。1987年4月至1992年12月任上海市委组织部副部长、部长。1992年12月至2001年4月任上海市委常委、组织部部长。2001年4月至2007年5月任上海市委副书记，先后兼任市委组织部部长，市委党校校长、校务委员会主任，市纪委书记。2013年2月起任上海市老干部大学校长。

罗世谦同志是中共十四大、十五大代表，十六届中央纪委委员。

2020 年 9 月 23 日，罗世谦因车祸重伤后抢救无效离世。这在知道他的人群中产生了震动。曾经与他工作过的许多同志和一些关心时政的公众，不约而同地在网上写出了很多追悼的心声。

老罗太平常了，和我们的交往语言平常，做派平常，生活的态度平常；但他又太不平常，他有那么一种坚持几十年如一日的服务精神，忠于自己的信念，交往了那么多的同志，大家都对他恋恋不舍。这就促成了做这本书最初的动力，我们愿意把这些追忆、这些感情汇集起来。所以说，这本书不是我们编出来的，而是大家心声的汇聚。

老罗从大学毕业后，从事了 15 年的技术和技术管理工作，之后又从事了 25 年的党政工作，在多个岗位上留下了许多身影，我们尽量地去追寻，但是很多同志已经失去了联系或已去世，这是编者们最为遗憾的事。

——赵启正

少年、青年时期的罗世谦

罗世谦与母亲、兄长

罗世谦与夫人

罗世谦与夫人、女儿

中年时期的罗世谦

罗世谦与夫人

老年时期的罗世谦

序

世谦的境界

赵启正

听到世谦出车祸的消息后，我一直很揪心。出差前一天，我去看了他，喊了他几声，但他毫无反应，这就成了我们最后一次见面。看到他这样危重的状态，我颇为伤感，我们到底都老了，老骥伏枥，不能志在千里了，但是很愿意把眼前的十里五里二里的事情做好。他就是我们大家和年轻人学习的榜样，真的不用去找更光鲜的人物，就学习世谦吧！他是最真实的。

世谦爱骑自行车，无论公事私事，只要距离不远，必定是骑车的。天有不测风云，2020 年 7 月 23 日，世谦在骑车转弯时被一辆汽车撞成头部重伤，被急送医院。9 月 23 日，世谦因医治无效告别了世界。那天我正在成都出差，中午时分，我得知这一噩耗，心情极为悲痛，写下了上面这段话回复给告知消息的同志。这条微信广为流传，得到了大家的强烈共鸣。在人们对他潮水般的怀念中，不少追忆他的文章在网络上迅速传播。

罗世谦是我的一位重量级的好同志、好朋友。我们是在 1983 年上半年上海市委为拨乱反正组织的党风调查组中认识的。我们都毕业于中国科学技术大学，他比我晚三届，在无线电和自动化系，我在近代物理系。他曾经在上海无线电二十一厂当过装配工、调试工、技术科副科长、副厂长。我说："我知道你们的工厂，还熟悉你们厂的一个'大产品'——SBT-5 同步示波器。"他回应说他就参加过这个示波器的生产和调试，这下我俩有了共同的话题。

SBT-5 同步示波器

20 世纪 60 年代中叶，我在西北的一个核基地做一项重大工程实验时，我们实验室里最好的一台示波器是由苏联进口的，大家都抢着使用，它笨重但可靠，需要用一辆配套进口的小车把它拉来拉去。后来有了国产的 SBT-5，指标和苏联的那台相当，算是赶超产品，但轻巧许多，使用起来十分方便。世谦对这台机器的具体用途十分好奇，我解释说，主要是用于测量核辐射形成的脉冲和脉冲放大器指标的，我们对波形要做仔细的观察测量，对脉冲的分辨率要求高，SBT-5 很给力，非常好用。他听了很开心，连说"太好了"。他还打趣说："可惜当时不认识你，你们这样的好客户，会给我们提出很多中肯的意见呢。"于是我们一见如故，谈得更热烈了。

1984 年底，我被调到上海市委组织部，1986 年担任组织部部长。1987 年，世谦来了，任组织部副部长，我们成了很好的搭档，一起工作了 5 年。我工作较粗犷，他则很细腻。有时候，我说出初步思路时，他会提出意见和步骤，我们俩的互补性很强，加上大家的支持配合，组织部的工作做得很顺当。

世谦总随身带着一个学生用的那种薄皮笔记本，上面密密麻麻地记着很多干部的名字、年龄和他们所负责的工作，以及哪些同志有需要关心的困难，等等。有同志因病住院，他是一定要前去探望的。他的言谈举止总体现出组织部是党员之家、干部之家；大家是同志，是亲人。

罗世谦（左二）与作者（左一）合影

　　1991年年初，我到中央党校去学习3个月，行前我们把几件工作列成了一个清单。虽京沪两地远隔千里，但我们一直保持着密切的工作沟通，各项工作的进展井然有序，其中多有他的新作为。

　　我和世谦共事多年，因为"私事"一起在外只吃过一餐。大概是在1990年，外省的一位副省长来沪办公务，他也是中国科学技术大学的校友。他到沪时，我们请他在老干部活动中心一起吃午餐以表欢迎。这也是我和世谦交往中唯一的一次宴请。午餐快结束时，世谦悄悄去买了单，这位来访的校友问："怎么是你们自己去付款，难道没有秘书在旁代劳吗？"别人可能不理解，但这确实就是我们的习惯。

　　罗世谦有个好女儿叫罗莹。记得1988年春节前的一个下午，组织部在上海展览馆开迎新联欢会。活动结束后，我在路上看到世谦牵着上小学的女儿在路边走，便请他们上车一起回去，世谦拒绝道："小孩子要锻炼锻炼。"经我坚持，两人才上了车。在女儿重要的成

1998年1月26日，在上海市委组织部迎春联欢会前，
作者（左三）在罗世谦（左二）的陪同下，亲切看望
上海市委组织部的同志

长关口，比如考大学、找工作，世谦没有用职务之便走捷径，甚至不允许女儿提到他的名字，生怕被人"照顾一下"。

世谦生活俭朴，毫不讲究。他的帽子和背包都朴素得有点过时，但很适用。我问他从哪里买的，他说是在地摊上买的，我想要"按图索骥"可就难了。

罗世谦的公文包

这么多年来，他持守了这份平凡的本色，活在自己喜欢的境界里，走完了脚踏实地的一生、信仰坚定的一生、令人钦佩的一生。他的工作一丝不苟、有理有据。在日常交往中，他淳朴、自然、包容，有温度、有底线，没有毫厘的庸俗。夫君子之行，诚然如是。

世谦的追悼会在 2020 年 9 月 27 日举行。我在鞠躬致敬之后，站在后边，没有离开大厅。在他这最后一刻，我不忍离开，总觉得告别不了他，想再多陪伴他一会儿。最后入殓，我和他的夫人、孩子一起护送他上了车，目送灵车缓缓启动，渐渐远去。

在送别人群中，有中国科学技术大学上海校友会的褚沁蓉秘书长以及世谦的十几位同班同学。当年的青春少年，如今皆已白发苍苍，其中还有一位院士同学。他们细问：为什么车祸伤得这么重？怎么就没有抢救过来？大家都为他的突然遭遇惋惜不已，不由得追忆起他在学校的勤奋、对同学的友爱……人们怀念世谦同志，是如此的不约而同，如此的恋恋不舍。口碑是活的，是有灵性的，是镌刻在人心上的丰碑。离别不是永诀，遗忘才是。

感谢上海交通大学出版社的热情，这本《忆老罗》得以结集出版。这里收录了40余篇文章，这些来自各方的文字是大家的肺腑之声，是那么的质朴，那么的真挚，那么的珍贵。

作者曾任中共上海市委常委、组织部部长

目录

学习老罗"端端地"鞠躬尽瘁

何　载

　　见多了聚散离合，在我的百岁人生中，对大喜大悲已经看开了。然而，听到世谦同志去世的噩耗，我还是颇为震惊，痛心不已！

　　常言道，心有灵犀一点通。自从认识老罗后，我庆幸自己又找到一位志同道合的好同志；老罗与我的心是相通的，我们都坚守着一颗共产党员的初心。

　　我的青年时期，有幸在宝塔山下，喝着小米粥、延河水，在老一辈革命家习仲勋同志的谆谆教诲下成长。毛主席称赞习仲勋同志是"从群众中走出来的群众领袖"，"党的利益在第一位"；习仲勋教导我们："实事求是就是最大的党性"，"把屁股端端地坐在老百姓的这一面"。这些教导，我记了一辈子，也追求了一辈子。

　　有不少年轻同志总会不解地问："'把屁股端端地坐在老百姓的这一面'，'端端地'是什么意思？"

　　在这里，我要十分认真地告诉这些青年同志："端端地"，就是像罗世谦同志这样的对党对人民鞠躬尽瘁的样子。他端端正正地把老百姓放在心中的最高位置，恭恭敬敬地甘当人民群众的小学生；他手握重权，克己奉公，清清白白地为官，老老实实地干事。这就是我们共产党人"端端地"样子。在这本文集中，宗蒲部长、启正部长、铁迪书记以及40多位真挚的同志，都用自己的亲身经历，生动地述说了我们心中的老罗，我也想分享自己的一点碎片记忆，寄托无尽的思念。

20世纪90年代初，我在离任中央组织部后，不久便投入自己一直心心念念的扶贫开发事业。起步阶段的扶贫开发可谓困难重重；难能可贵，老罗伸出援手，给了我们从物质到精神、从人力到智力的帮助。

记得在与老罗的交流中，我讲过一个"直面百姓拷问"的故事。那次，我与一位老将军到甘肃宕昌考察，这是我们当年战斗过的地方。一位老乡对我们说："当年红军打下腊子口，解放了宕昌县，共产党派来一位姓张的县长，真好啊！他领导我们打土豪、分田地，真是亲如家人。张县长离开时，我们县动员上千名青年跟他去当了红军。后来这些青年大部分都牺牲了！"老乡接着又说，"听说当年的那个县长后来在北京当了大官，我们再也没能见到他了，……他把我们这些受苦的百姓都忘了！"当天夜里，老将军辗转反侧、通宵未眠。我问他何故，他沉重地说："老何，老乡说的那位县长就是我啊！……现在老百姓骂我忘恩负义，骂得对呀！当年我们流血拼命，不就是要让劳苦大众过上好日子吗？扶持他们脱贫致富是我们义不容辞的责任！"这个故事，我给很多同志讲过，大家都很感慨。老罗的回应给我留下了深刻印象，他讲得深刻，发人深省。他说："我们不能忘本。老百姓养育了革命；我们今天的权力是他们给的，应该用来为他们服务，让他们过上好日子！"

老罗是位感情深沉的实干家。热血在心中澎湃，他更多的是用行动说话。经过一番紧张、周密的策划，老罗指导市委组织部干教处，帮助我们举办了中西部地区干部培训班。老罗的鞠躬尽瘁，表

现在他对工作的严谨细致、用心、能抓到点子上。每期培训的教学
计划，从内容安排到教材选择、教员选聘，他都亲自审定并督促落
实。他为我们选派了一位踏实、精干的年轻干部陈永平，在小陈同
志身上，我们能够看到罗部长带出来的好作风。他高效落实了市农
委党校、浦东党校这两个教学点，还联络了两位优秀企业家——上
海闵行旗忠村时任党委书记高凤池和上海航星集团的时任总裁江弘
同志，两位企业家都曾荣获国家级和市级劳模称号，他们以大爱之
心慷慨资助了中西部地区干部培训班。

2010 年 10 月，何载同志（左二）与夫人在陈永平同志（左一）
陪同下，参观上海洋山深水港和临港新城

从 1999 年开始至 2001 年的 3 年中，上海市委组织部为中西部
贫困地区，如青海、甘肃、重庆、山西、四川、贵州、云南、江西、
宁夏等十余个省区市的组织部门干部和乡镇党委书记、乡镇长，举
办了 10 期培训班，培训学员 500 余位。在罗部长的精心指导下，培
训班既采用了课堂内的理论教育、案例教学，也采用了外出实地考
察的现场学习、实操体验，如去江浙一带的经济发达县区、先进镇

村学习，参观苏州张家港、江阴华西村等，都颇受学员欢迎。他们说，这样的培训很有针对性，教学方法灵活多样，使自己开阔了视野，提高了站位，学到了本事，增强了能力。当年许多经过培训的同志，今天都在脱贫攻坚战中挑起了大梁。

正是在罗部长这样的"扶贫好战友"的鼎力支持下，我担任常务副会长的中国扶贫开发基金会首创的"东西部互助干部交流"的扶贫方式，迅速在全国20余省市区蓬勃展开。一批有影响的全国劳模纷纷拿出专项资金，仅一年中，就义务办起了35个培训班，据不完全统计，累计为西部贫困地区免费培训乡镇干部4800人，县级干部800人。它首开了我国干部交流的先河。对此，多位中央领导同志先后做出重要批示，给予高度评价。

毛泽东同志常说："我们共产党人好比种子，人民好比土地，我们到了一个地方，就要同那里的人民结合起来，在人民中间生根开花。"老罗的事迹告诉我们：战争年代我们靠老百姓打下了江山；今天实现中华民族伟大复兴的中国梦，也要靠人民群众的力量与智慧。习近平同志说得很精辟："江山就是人民，人民就是江山。中国共产党领导人民打江山、守江山，守的是人民的心。"共产党员、党务工作者同志们，我们应当认真学习习近平党建思想，坚定不移推进全面从严治党，用党的自我革命引领伟大社会革命。《忆老罗》这本书真好，可以作为全党正在开展的学习贯彻习近平新时代中国特色社会主义思想主题教育的党性案例教材。我感激作者同志们的分享，致敬上海交大领导和老师们的辛苦劳动！

作者曾任中共中央组织部秘书长

对党忠诚，不负人民

赵宗鼐

时间的无情流逝，会带走很多东西，乃至生命；就像大浪淘沙，最后沉淀下来的是金子——那是刻在人们心上的东西。

转眼间，世谦同志离开我们快3年了，但我们仍然非常怀念他，上至领导，下至百姓。有人称他为"骑自行车上班的高官"，有人怀念他是"永远活在我们中间的平民书记"，更多的人一提到他，就会忍不住流下热泪。我常想，这种现象的背后一定有着什么无形的东西在起作用。想来想去，想到一句老话：政声人去后，民意闲谈中。对啊，金杯银杯，不如老百姓的口碑！刻在人们心上的东西，就是无字碑。

世谦同志身上值得我们学习的优秀品质很多，他给我印象最深的，如果用两个词概括，就是"忠诚""谦和"。

第一个词：忠诚。世谦忠于党，忠于人民，忠于职守。我想，这种优秀品质并不是与生俱来的，它的源头是我们党员同志共有的"根"和"魂"。党史学习教育帮助我们增强了追根溯源的自觉。习近平总书记说，历史是最好的教科书。我们应该在百年党史中，在我们中华民族的精神家园中去寻根。打开党史，我们就会发现，世谦学习、工作、奉献的上海是一座光荣之城，是党的诞生地、党的初心始发地，也是伟大建党精神的孕育地。你看，党的十九大闭幕仅一周，习总书记就带着全体政治局常委瞻仰了一大会址和南湖红船。面对开天辟地、披荆斩棘的革命先驱们，总书记与常委们重温入党誓词，并向全党发出号召：不忘初心，牢记使命，永远奋斗！

世谦同志就是在这样的红色热土上，呼吸着英烈的气息，不断地学习，拼命地工作，为实现党的初心使命而兢兢业业地奋斗着、克己奉公地奉献着。在我的记忆中，他是全国同届省（市）委组织部部长中任职时间最长的一位。后来他又担任了市委副书记兼市纪委书记，退下来后，还担任了市老干部大学校长。无论在哪里，他都一如既往地实干苦干，淡泊名利。他一辈子跟党走，为上海的改革开放事业做出了卓越贡献。党和人民对他做出了最高的评价：他的一生，是革命的一生，为党的事业奋斗的一生，全心全意为人民服务的一生。譬如，发源于上海市长宁区华阳街道的"凝聚力工程"，这一践行党的宗旨的基层党建创新，被世谦与国胜同志一起敏锐地捕捉到了。他们带领组织部门同志，经深入调研、总结、提炼和试点，最后成功地将这个工程推向了全市。你看，"进百家门，知百家事，解百家难，暖百家心"，多么接地气、暖人心啊！我这个老党员听到后当即就被"凝聚"了，为之大声叫好！后来我多次到长宁区、华阳街道学习，与党员群众面对面交流，了解民心所向，了解"凝聚力工程"的时代意义所在。后来，中央组织部专门发文肯定了这一工程。这一工程也迅速从上海走向了全国，成为全国基层党建的品牌工程，因为它"接地气"，为百姓排忧解难，老百姓欢迎啊！用习总书记的话说，这就叫"人民对美好生活的向往，就是我们的追求"；"共产党是干什么的，就是为老百姓干事的"；"江山就是人民，人民就是江山"。

老罗的忠诚，还表现在他的清廉上。在上海，他的廉洁从政、严于律己是有口皆碑的。无论是对自己、对家人，还是对身边的工作人员，他都要求极严，有时甚至有点"不近人情"。我听到过一段佳话：有位同志将任职老罗的秘书，回去告诉爱人，很担心老罗的要求严，自己跟不上。而他的爱人却当即安慰他说："这下我就放心了，跟着罗部长，不会犯错误。你大胆去，我全力支持你！"这就是老百姓的口碑，是一位优秀党员领导干部在人民心中的位置。

再说第二个词：谦和。一说起这个词，老罗的音容笑貌就会浮现在我眼前，令人忍不住热泪盈眶。我认为，世谦的为人处世就像他的名字一样，永远是那样谦和、包容、温厚——如果要在传统文化中找一个表述，可称之为"温良恭俭让"；他也让我们想到上海的城市精神：大气谦和。

记得我与世谦同志的最后一次见面，是在 2018 年首届中国国际进口博览会开幕时，我来沪观展，住在青松城。世谦得知后，当晚就来看我，那种"润物细无声"的关爱让人倍感温暖！交谈中，时任市老干部大学校长的他，兴致勃勃地介绍着在老干部大学，老同志们享受丰富多彩精神生活的愉悦，眉宇间流露出掩藏不住的欣喜。我听说，他这个勤勉的校长常常会静静地坐在教室最后一排认真听课，虚心听取老同志们的意见，再与老干部大学的教学管理人员一起商量着不断改进教学质量与方法，最大限度地满足老同志们的需求。在世谦言传身教的模范带领下，老干部大学越办越好，老同志

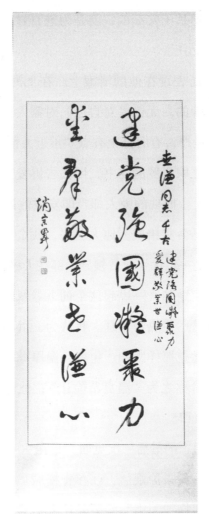

作者所书挽联

们争先恐后地报名就学，常因名额有限，只能让大家轮番上学。我认为，世谦用自己的实干精神，不仅让老同志们满意，更是带出了一支让老同志、老党员满意的队伍。我们耳闻目睹，时任市委组织部副部长、市委老干部局局长杨佳瑛同志带领一支奋力拼搏的老干部工作者队伍，用贴心用心的真情、温馨服务，受到老干部们的称赞。我在接受《上海老干部工作》记者采访时曾转达老干部的心声，为上海市委老干部局、市老干部大学的工作点赞。听说世谦看到了很欣慰，并鼓励大家再接再厉，不辜负老同志的厚爱与期待。

今天我们纪念世谦，我想应当结合正在全党开展的学习贯彻习近平新时代中国特色社会主义思想主题教育，学习、传承世谦身上表现出来的高尚情操和党的优良传统作风。对我们老同志来说，要学习世谦"生命不息、奋斗不止"的精神，永不懈怠，永葆初心；有一分热，发一分光。对年轻同志来说，面对百年未有之大变局，要用新时代党的创新理论、习近平新时代中国特色社会主义思想武装自己，坚定信仰，拜人民为师，向实践学习，在搏击新时代、新征程、新挑战的斗争中，经风雨、长才干，砥砺党性。抵御侵蚀，努力成为党和人民信赖的堪当民族复兴重任的接班人！最后，我想与同志们一起重温孕育于上海的伟大建党精神，与大家共勉：坚持真理，坚守理想；践行初心，担当使命；不怕牺牲，英勇斗争；对党忠诚，不负人民。

作者系北京一位老共产党员

难忘和世谦同志一起工作的日子

陈铁迪

2020 年的一天，惊闻世谦遭车祸，我急忙奔赴医院，只见他满脸淤血，不省人事，我的眼泪不禁夺眶而出。虽经抢救治疗，但已无力回天，世谦永远离开了我们。

世谦同志离开我们已近 3 年，但他一直在我们心中，他的音容笑貌、他的高尚品德和人格魅力、一个优秀共产党员的形象，始终让我们铭刻在心。今天我们不仅仅是怀念他，更重要的是学习他的优秀品德，让他成为推动我们继续前进的榜样力量！

我和世谦是老朋友。我们有过三次紧密的合作，这使我更了解他。第一次合作是在 1991 年，他当时是市委组织部部长，我在市委担任副书记，分管干部工作。我们合作的那几年正值换届，我看到了世谦是怎样在干部工作中尽心尽职，做出了不凡的贡献。他坚决贯彻党的干部路线，做了大量深入细致的工作，举办了很多培训班，召开了各种类型的座谈会，而且和许多同志谈话并深入基层了解干部，在选拔干部上做了大量的考察工作。

做组织工作的人一定要公道、正派。我觉得世谦就是以这样的品德、这样的风格做到了这一要求。他在工作中任人唯贤，不搞小圈子，也没有亲亲疏疏的关系，完全按照党对干部的标准去推选干部，从而使许多优秀干部脱颖而出并进入各个领导岗位。回顾过去，当时提拔的一些干部，在日后的工作中是经得起考验的。当然这是在市委的正确领导下进行的，但也与有这么一位优秀的组织部部长能遵循党的干部路线、努力地工作分不开。

我们第二次合作，是在世谦退休后。他2007年退休，当时我还是上海市慈善基金会的会长。2009年，我邀请他担任基金会的监事长。这一段在他的简历中是没有的，但我觉得它很重要，因为这体现了他心中装着人民。他说："做善事的话，做得再多也值。""做善事是为了人民，是一种公益事业。"所以，当时他很高兴地担任了这份职务。他非常热爱这份事业，对于基金会的基金使用、项目管理等，都进行了严格的督促和审查，常常去有关单位调查研究，还非常重视基金会的制度建设，以此来保证基金会的正常运作。他是一位"高级义工"，在担任监事长的7年间，尽心尽责地维护了基金会

罗世谦（左二）与作者（左一）

的透明度和社会对基金会的信任。

我们第三次合作的时间更长，那是在市老干部大学。世谦是个热爱学习的同志，退休后就来听课，当时，他是学员中难得的高级别干部。他选了书法课、政经课，对各门与历史相关的课都很感兴趣，真是"活到老，学到老"，他不断充实自己，是老干部大学的优秀学员。2013年我从市老干部大学校长岗位上退下来，大家一致推选了受人尊敬、热爱老干部的世谦为新一任校长。

担任校长职务后，他认真贯彻老年教育方针，坚持办学方向，尽心尽责。按规定，他作为校长，并不需要每天上班，但他每天都骑着自行车、背着小书包按时到校。他深入教学第一线，经常深入班级，随班听课，其中特别关心政经课，这是一门使老干部永葆青春、跟上时代的经典课程。他不仅听课，还帮助学员建设思政研习

罗世谦（左三）与作者（左四）等人在上海市老干部大学

社，课后一起讨论研究。在他的悉心关注下，该门课被市里甚至全国评为特色课程、精品课程。

学校要走向现代化，必须实现教育手段的智能化。在建设学校智慧教室的过程中，世谦亲自参与方案制订，和工作人员一起选购设备、决定承建单位等，促进了教育质量的提高。疫情到来时，这些智能化的设施设备发挥了非常大的作用，学校实现了停课不停教、停课不停学，开启了学校线上教学、云上课堂的创新之举。

学校为贯彻"老有所为"的要求，成立了志愿者队伍。世谦一马当先，以普通学员身份穿着志愿者的背心，和大家一起去养老院、社区、居委会、学校等地参加志愿服务活动。平时他非常亲切地关心学员，了解情况，听取意见，赢得了学员的尊重和爱戴。他始终把群众放在心上。

世谦由于有着深厚的群众基础，了解实际情况，所以在校长办公会决策讨论问题时，能创造性地提出许多切合实际的方案。世谦

2019 年 9 月，罗世谦（右一）与作者（右三）出席上海市
老干部大学庆祝新中国成立 70 周年书画摄影展

在老干部大学担任了7年校长。他深爱老年教育事业，热爱老干部学员，尊重教师，关怀学校工作人员，所以他有着很大的凝聚力，能充分调动各方面的积极性，把学校办得生气勃勃，不断向高质量方向前行。

世谦同志走了！给我们带来莫大的悲痛！他一生忠于党的事业，具有高尚的品德。他淡泊名利，严于律己，生活简朴。他待人真诚，心地善良，谦虚实干。党失去了一位优秀的党员，我们失去了一位挚友！

世谦同志永远是我们的榜样！永远活在我们的心中！

作者曾任上海市人大常委会主任

兄长般的领导

刘国胜

二三十年前的事，我大都记不得了，但有关罗世谦同志的一些事，至今历历在目，令我终生难忘。

我和世谦同志是 1989 年在火车上认识的。当时他作为上海市委组织部常务副部长，带领首批全国先进基层党组织和全国优秀党务工作者的代表乘火车进京参加表彰会，我也是代表之一。他和每一位代表都聊过。当时我为了完成专升本的考试，正在温习大学英语，他走到我身边拍拍我的肩膀问："国胜同志，你在看什么书？"我说："罗部长，我在复习英语迎考。"他鼓励我说："青年干部学习英语很有必要。"

1993 年，我到市委组织部当副部长后，他已是市委常委、组织部部长，是我的顶头上司。短短几年里，他到我家访问过 3 次，不仅同我聊公事，听取我对有关问题和自己工作安排的看法，还与我的夫人和岳母聊天，时不时插上几句不正宗的上海话，嘘寒问暖，没有一丁点大领导的官架子。对我来说，他既是领导，又像兄长。

不仅是对我，世谦同志在工作中对每一位副部长都很尊重。在部务会议上，他总是鼓励大家充分发表意见。如遇不同意见，他从不急于下结论，总是引导大家进行比较分析，然后他再做决断。每

罗世谦（左四）与作者（左二）等人合影

个礼拜，他总会有两三个晚上要打电话给我，把有关局级干部调动
的设想或预案和我通气，问我有什么意见。有一次，他请我推荐一
个比较重要的岗位人选，我经过慎重考虑，谈了看法，被他采纳了。
这种民主作风让我印象很深。

世谦同志在廉洁奉公方面的表现，也给我留下了深刻印象。他
严于律己是出了名的。他绝对不搞吃吃喝喝那一套，不接受任何非
公务宴请，不收受任何礼品，哪怕是农副产品，包括茶叶之类。他
从来不公车私用，有一次夫人生病，他就借了一辆三轮板车，自己
蹬车送夫人去医院就诊。有时候，公事他也不用车。一次，中央组
织部有位副部长来上海，住在衡山宾馆，他骑着一辆自行车就去拜
访。门卫看到他这样的"行头"，不相信是来找大领导的，把他拦了

下来。他与那位领导同志通了电话，才被放行。事后我问他为什么不叫车，他说衡山宾馆离得近，骑自行车去方便。

那时，大多数市级机关办公室已经安装了空调，但世谦同志坚决不同意安装。高温季节，在铺着地毯的办公室里工作，真的很热，但大家也只能用电风扇。后来大家讨论说，我们能不能主动一点？于是趁他去国外出差的时机，自作主张地给他办公室装了空调。他回来后很不高兴，要求拆掉。我们劝他说："罗部长，各个机关大都装空调了。市委组织部，您不带头装空调，其他人都不能装。"他这才说："噢，是这么回事，那装就装了吧。"

世谦同志有一种非同寻常的人格力量。对我而言，和他交往有一种难得的安全感。你不需要担心今天跟他说了一些话，有哪些说得不合适，会造成什么不好的后果。在他面前你可以敞开思想，袒露真心。他有时候也会提醒你：你跟我说，我有数了，但外面有些地方你不要去说，免得引起人家误解。

我在市委组织部工作期间，世谦同志在工作上对我的支持和指导，最重要的要数"凝聚力工程"了。1994年年底，在酝酿次年的工作时，他问我："基层党建怎么搞？"我提出了开展"凝聚力工程"的建议，基本思路是"了解人、关心人、凝聚人，走出一条从关心人入手，加强和改进思想政治工作的新路子"。这一建议得到了他的认可和支持。后来，时任上海市委书记习近平视察长宁区时，称赞"凝聚力工程"是社区党建最早、最长的典型。现在中山公园有一个上海凝聚力工程博物馆，这可能是全国唯一的关于基层党建工作的博物馆。

　　作为市委常委、市委组织部的一把手，世谦同志务实、低调，行事方法非常平和、恰当。他对我说："'凝聚力工程'我是非常赞成的，你去向市委分管领导汇报，我直接向邦国同志汇报。"经市委领导同意，"凝聚力工程"试点工作被纳入 1994 年上海组织工作要点。他躬身实践，关注一线，体现了党的优良作风。譬如我们到华阳路街道去调研，一般来说，我作为一个分管副部长，带着一个团队去调研就可以了，但世谦同志觉得还不够，也在调研中投入较多精力。在我的印象中，他自己就华阳路街道的"凝聚力工程"做了 5 次调研。其中有一次是星期天，他把华阳路街道的民政科科长请到了市委组织部。他对这位科长解释道："我为什么请你来呢？如果我到街道去单独跟你谈，可能不方便——我到街道去，发言人通常就会以区委组织部、区政府领导，还有街道党工委、办事处领导为主，就听不到像你这样的最基层的做实际工作的同志讲述如何做关心群众生活的事了。"那天，我陪他听了整整一个上午，记下了许

罗世谦（左一）和作者（左二）在会上

多鲜活、生动的关心人的故事。还有一次，是在高温季节到正广和汽水厂调研。那也是一个星期天，天气炎热，世谦同志流着汗，与该厂的党务工作者、生产一线的工人老师傅、技术人员面对面交谈，亲如一家。

华阳路街道党工委和正广和汽水厂党委等"凝聚力工程"试点的典型经验，在上海引起强烈反响，但是也有一些不同的声音。有的熟人对我说："国胜，你这个人好像在我们的心目中是重视理论研究的，怎么到了组织部以后去抓这些婆婆妈妈的事情？"世谦同志听到的议论更多，他却笑呵呵地对我说："只要对基层党建工作有效，人民群众欢迎，我们就好好做，不要去管别人怎么议论。"同时，他叫我去听取市委各位领导对"凝聚力工程"的看法，主动求得他们的指导。

我知道，组织部部长不好当，有时候会遭人误解，受委屈，但在世谦同志这里，这些委屈全都被默默消化了。他高尚、包容，一切以党的事业为重，这样的胸怀一直影响着我，直到现在。罗世谦同志堪称党的优良作风的一个代表。我将继续向世谦同志学习，永葆共产党员的本色。

作者曾任宝钢集团有限公司党委书记、副董事长

向一种伟大人格力量致敬

徐建刚

老领导罗世谦离开我们已经两年多了，我们很怀念他。

虽然说罗世谦曾经兼任上海市委党校的校长，但我到党校工作时，他已离开岗位，不再兼任党校校长一职。因此，我没有机会直接在他手下工作，但还是有幸直接聆听过几次他的教诲，至今回想起来，犹在耳边。

记得第一次同罗世谦直接接触是在 2001 年，那时我还在市委党史研究室工作，罗世谦当时是市委副书记，分管党史工作。那年党史研究室开年度务虚会，他知道后专门抽出半天时间来参加，同大家见面。那天他来得很早，认真听取了每一位同志的发言，并不插话。会议结束时请他讲话，他并没有长篇大论，只是专门嘱咐："党史工作很重要，尤其是上海的党史工作。市委对党史工作是重视的，对从事党史工作的同志也是关心和重视的。希望大家，特别是年轻同志，要静下心来，把上海的党史工作做好，让市委放心。"若干年后我才知道，会议结束后，他专门找了市委组织部、市外办，讲到对上海党史干部，特别是青年干部的培养，提出应该让上海的党史干部有机会多同外面接触，多了解一些实际工作，包括参加一些涉外培训，开阔眼界。这些事我从未听罗世谦本人当面讲起过。

2002 年我受组织委派，到加拿大多伦多参加了半年的培训。回国后，有一天中午在市委机关所在的康平路上，我正巧遇到了在散步的罗世谦，当时他已转任市纪委书记，不分管党史工作了。他看到我，很关心地问起到加拿大学习的体会，我就简要地向他汇报了在多伦多学习的情况。他问我："你赴国外学习最大的感受是什么？"我说："这是我第一次出境，国内和国外的差距还是很大，但我有一个强烈的感受——世界上大概没有一个民族像现在我们中国人这样，认真学习外国经验、勤奋努力工作。只要坚持不懈，我们就一定能够赶上他们。"罗世谦听后欣慰地说道："这就对了，这就是组织把你们送出去培训的目的，要坚定对中国发展的信心，不要辜负组织的培养。"

2019 年 11 月，我到市委党校工作。到任后不久，我接到市老干部大学的电话：市老干部大学的校长罗世谦要专门到市委党校来拜访。我听后，赶紧让老干部大学领导转告："罗世谦是我的老领导，没有让老领导来拜访我的道理，只能是我去拜访老领导。"不久，老干部大学告诉我，罗世谦同志态度坚决："我现在是市老干部大学校长，徐建刚同志是市委党校常务副校长，只有市老干部大学校长拜访市委党校常务副校长的事，不能倒过来，这是党内规矩；如果倒过来，那就不用了。"见老领导态度如此坚决，我只能听从他的意思。

记得那天他到党校来，也是轻车简从，一辆商务车，我见他一如以往，虽然消瘦，但精神很好，只是已是满头染霜了，手里拎着一个白帆布袋子。我迎上前去说："欢迎老领导来校指导工作。"罗世谦回答道："今天来，肯定不是什么指导，只有一件事，就是请党校继续支持市老干部大学的工作。市委党校支持老干部大学的工作，是一个好的传统。每次市委党校常务副校长到任，老干部大学校长都要专门拜访请求支持，这是传统，今天我也是来请求支持的。"座谈会上，他专门讲了市委党校支持老干部大学的历史，叮嘱我一定要保持这一良好的传统。记得当时他还从白帆布袋子里拿出一本练习本，把大家的发言认真记了下来。

座谈结束后，我送他出门上车，他还专门关心地问起我这几年的工作情况。当我感谢他当年的关心，让我有机会出国培训，对自己的成长帮助很大时，他十分感慨地说道："把干部送出去培训，开阔眼界，对上海干部培养非常重要。现在想想，我们当时的思想还不够解放，只考虑各单位工作比较多，都是骨干，手头都有这么多工作要做，只派出去学习了半年，其实应该让你们年轻干部多待一些时间，出去学习一年。更长时间、更深入的了解，对成长和工作

作者（左二）陪同罗世谦（左一）参观上海市委党校校史馆

罗世谦（左六）参观上海市委党校校史馆时与作者（左七）等人合影

是有利的。"

目送罗世谦的车子离去，我伫立良久。我当时也没有想到，这会是我最后一次见他。

今年春天，我到市郊青浦福寿园，知道老领导罗世谦安葬在此，特意前去拜谒。

初春的墓地，静谧安宁，他的墓地坐落在一片普普通通的墓区。小小的墓地，一座普普通通的黑色墓碑上，只简简单单镌刻着"慈父罗世谦"几个字，同墓区其他墓碑并无两样，谁也不会想到这里安葬的是一位上海市委领导。

微风轻轻吹过，阳光洒在墓区的灌木和草地上，初春的草地，尚未泛绿，犹是一片金黄。站在老领导罗世谦的墓前，眼前总会出现我们最后一面时他的笑容和满头白发。我在想，究竟是什么让我们对一位逝去的老领导如此缅怀？是他做过的工作？是他曾经是我们的领导？是他曾经对自己的关心？这些肯定会想到，但肯定不止这些。

罗世谦逝世后，上海有许多老同事撰写了回忆他的文章，点点滴滴，所忆所记，角度不同，事例不一，但大家都不约而同地谈到：罗世谦宽以待人、严以律己。在罗世谦身上的许多廉政故事，是那样自然、真实、可信。

我就在想，或许，在缅怀罗世谦的过程中，真正打动我们心扉的，应该是罗世谦同志的人格力量，或者说，我们对罗世谦的缅怀，已超越了对一位老领导的缅怀，更是对一位逝去长者的品格的缅怀。最直击我们心灵、最震撼我们内心的，是两种最珍贵的品格——真诚和律己：所有同罗世谦交往过的人，无论职位高低、年龄长幼，都能真切地感受到他的真诚。罗世谦担任过市委副书记、市纪委书记、市委组织部部长等职，可谓位高权重，但从来没有人看到过他颐指气使、盛气凌人的样子，相反，他从来不打官腔，都是平等待人，没有人会把他当作一个高高在上的大领导。在日常交往中，大家常常把他称为"老罗"，他也从来不以为忤，而是欣然应答，这种在日常交往中流露出的真诚平等让人如沐春风。关于罗世谦严以律己、清正廉洁的故事有许多，我总觉得，罗世谦对自己的要求几乎到了苛刻的程度，而这也更加凸显了罗世谦的人格力量，可称得上"高尚"二字。我们常常讲，要做"一个纯粹的人"，在罗世谦的身上，我们找到了"一个纯粹的人"应该有的最纯粹的品格。

在普通墓园同普通市民一起，是老领导罗世谦最具本色的谢幕，也是其人生大写的一个句号。站在老领导罗世谦的墓前，献上一束鲜花，深深鞠上一躬，既是寄托哀思，也是我对伟大人格力量的致敬。

老领导罗世谦，我们真的非常怀念他！

作者系中共上海市委党校常务副校长

我的挚友世谦

吕恩生

罗世谦是我的第一个也是一直保有联系的挚友。

1955 年我们考上了北京四中。还没开学，就有一位高中同学已被任命为少先队辅导员，他带着将和我同班的罗世谦找到了我家进行联系。那时我住南锣鼓巷前鼓楼苑胡同，罗世谦住在我家南面紧邻的黑芝麻胡同。从此我们就每天一起骑车上学。我们经常一起从矿石收音机做起，自己学着绕变压器，一起做电子管收音机；一起游泳；一起在什刹海滑冰，一起自己动手编织捉蜻蜓的"琉璃网"和捉蛐蛐的罩子，到德胜门外的窑坑捉蛐蛐；一起到鹫峰参加夏令营。初一的暑假，班上组织活动，我们和张翔同学骑车到永定门外的汽水厂借了至少百十个瓶子，大家自制了不少汽水供高考的同学考间消暑。我们三个人还经常一起拆修自行车，高中毕业时还剩下三根车条，我们三人各留了一根做纪念。

后来世谦考上了中国科学技术大学。记得 1963 年我弟弟高考落榜，世谦每周六都从大学骑车到甘家口辅导他复习，几乎每周都去。第二年弟弟顺利考上了邮电大学，后来一直称他为恩师。

毕业后世谦被分到上海无线电二十一厂。1969 年我到上海常驻外协出差，经常见他。他成家后住在岳母家的亭子间，做了车间主任后经常到职工家中家访，帮助大家解决各种困难，和大家关系非

罗世谦在北京四中

常亲密。再后来他进入政坛，从上海无线电二十一厂副厂长，一直
到上海市委副书记，我们的友谊从来没有变过。

世谦已经是上海市委副书记时，有一次回北京开会，专门到
我家看望我 90 多岁的老父亲。他离开后，父亲对家里的小阿姨说：
"刚才那人是上海市委副书记。"小阿姨非常吃惊，马上跟着追出门
外，想看他到底坐的是什么高级轿车，结果只看到世谦骑自行车匆
匆离去的背影，回来说："第一次见到这样的大官儿！"

有一次他到北京开会，正巧我也在北京出差，就约了老同学张
翔一起在他住的地方见面。聊天中途，朱镕基的秘书打来电话："总
理回来了，你正好在京，要不要见见？"世谦回答说："不打扰总
理，就不见了。"我当时想，别人巴不得见，你怎么不见呢？少有。

1993 年我到上海出差，当时的报销标准是每天 40 元，实在不
够住旅馆，就找了个澡堂对付，屋里摆了好几个脸盆接从顶棚滴下
来的水。世谦下班来看望后，执意要我到他家去住，我拗不过就随

他回了家。他家里和我们大家没啥两样,比我就只多个微波炉。第二天我去办事,他邀我中午回来吃饭。我办完事从上海东北角往西南角方向的他家赶,花了很长时间,世谦一直等在院外。原来那天他以前的邻居们来给他们夫妻祝贺50岁生日,世谦自掏腰包在食堂请大家吃饭。饭后大家回到他家聊天,我和世谦到他办公室聊了一下午。晚饭就是中午的剩菜。邻居们走后,世谦发现沙发边有一个纸袋,里面是件皮背心,他当时就向爱人发了好大的火,埋怨她让大家知道他俩的生日,并叫她立马打电话让人家把礼物拿走,如果不来,第二天他亲自给送回去。第二天,邻居就把礼物取回去了。那天晚上我没能睡着觉,心中无法平静。

听说他搬家还自己骑板车拉东西,还听说他会骑车出去卖旧报纸。他退了休还要兼好几个职务,每天忙活。有一次到上海,我到他家里等他,他中午下班回来时说:"也就吃饭这一点时间。"我说:"今天你不要说话,只听我的。我说说平头百姓的话。"真就那么忙,饭后我们就分开了。

我退休后就难得再去上海了,虽然有电话,虽然加了微信好友,但鉴于他的身份,就只在年节通个话,问个好,在微信上偶尔传点儿必要的消息和我的朗诵录音。前几年在电视上看到他满头雪白的头发、消瘦的身体,我十分心疼。十几年前我最后一次去上海,约他在同学家见了个面,那是我们的最后一面。

太可惜啦,心里无法平静啊!

作者系罗世谦的高中同学

微斯人，吾谁与归?

陈隆生

党的好干部、我的良师益友罗世谦同志不幸去世了，让人痛心疾首。

3年前，罗世谦去世的消息传来，在整个上海引起不小的震动。一时间，同学同事、亲朋好友，甚至多年没有联系的老同事、老朋友都来打听他去世的事，回忆他的高风亮节，倾诉发自内心的哀思，感叹这么好的人怎么就这么走了呢！77岁在过去算是古稀之年，现在只是中国人的平均期望寿命而已。世谦一身正气，两袖清风，毫不利己，专门利人，助人为乐，平易近人，生气勃勃，身体健康，好像有无穷无尽的精力，这么好的人怎么会离开我们呢？悲伤之余，大家只能自我安慰：他太累了，也需要休息了吧！人们默默地祝愿他一路走好，将他的形象永远铭记在心里。

世谦和我是大学同学，1961年他由北京四中考入中国科学技术大学。我们分属无线电电子学系和自动化系，后来两个系合并了。他担任过系学生会的生活委员，一次为改善同学生活奋力搬运绿豆，致使腰部受伤。

因为"文革"的关系，应该1966年秋毕业的我们，直到1968年2月才被分配工作。他被分配在昌平路近江宁路的上海无线电二十一厂，我被分配在宜昌路近江宁路的上海无线电二厂，两个工厂都是上海仪表电讯工业局属下的主力工厂，我们也时有走动。他从车间工人一直做到车间副主任、技术科副科长直到副厂长。他任副厂长期间，厂里发生过一次火灾，为了防止藏有易燃品的油桶被点燃，他奋不顾身地撞开上锁的库房大门进行抢救，避免了火情扩大。我在该厂的朋友说："你们那个罗世谦，真是一个拼命三郎！"

1978 年，罗世谦（左二）被评为厂先进生产（工作）者

改革开放后，中央决定选派年轻人去国外学习先进技术和企业管理经验。1979 年我们同时被选送赴日本学习，先一起去长沙铁道学院进行日语突训；1980 年 5 月到 1981 年 5 月，我们在日本学习有关技术及企业管理等知识。罗世谦是我们电子组的组长，所以他可以说是我的三任同学。

日语突训分三个班级，水平最好的在快班，水平较差的在慢班，有一定基础的在中班。我属于刚起步，在慢班；世谦以前学习过一段时间的日语，在中班。当时领导安排学习 3 个月，这对没有基础的同学无疑是一个难题。一位老师说："哪有3个月把日语学好的？我们只管按大纲教，学会学不会看你们个人！"世谦鼓励我："不要怕，只要存在慢班，你就有机会学好。"我汉语基础较好，发现日语源于汉语，有些语言现象容易理解。后又发现日语好多发音与上海话几乎一样，如"野""味""儿""人""斜"等等，一下子兴趣就来了，后来才知道这是因为受了"吴传日语"的影响。一次老师统计要上辅导课的人数，我报了名，结果老师说："你学得那么好，不用上辅导课了。"从零开始到班级领先，我也有点小小的得意。日语单词"砖块"，汉字写法是"炼瓦"，一看就是中国人的造词方式，变化了的发音，类似第一个进入太空的小狗"莱卡"的名字，我有所发现似的反复读"炼瓦——莱卡"。世谦发现了我的小心思，就说："你刚刚学，日语还深着呢！"一下子让我猛醒，再也不敢"得意"了，从此兢兢业业学习，最后顺利地通过了结业考试。

我们在日本由友好团体赞助学习，属于边工作边学习，日语叫"研修生"，每月有30000日元的"小遣"（零花钱），当时大约相当于人民币500元，而公派留学生每月只有6000日元，是我们的五分之一。所以领导规定除每月上交20000日元外，还必须在日本朋友身上花不少于4000日元，这样收入与留学生大体持平。日本家电价廉物美，在日本一年，大家都想带一些"大件"回去，按这个规定我们很难做到。过了大半年，不少自行开伙的同学彩电、录音机等"大件"都已经备齐，我和在同一家公司学习的杭州同学因所在公司有专人做饭而没有余钱。世谦见状安慰我们："不要着急，如果你们一直没有钱的话，我保证给你们一人买一台彩电。"我们非常感动。

后来公司同意我们自己开伙，每月发 30000 余日元"菜金"，这样我们马上从"穷人"变成"富翁"，彩电、录音机、照相机、洗衣机、电饭锅等"大件"都解决了。不过世谦要用嘴巴里省下的钱给我们买彩电的诺言，使我永远不能忘怀。那时人们月收入不到百元，要送同学两台彩电，这是何等胸怀！

回国后，我被任命为上海广播电视公司中心试验站副站长，负责公司部分技术管理工作，世谦被提升为上海仪表电讯工业局企业管理处副处长。他非常羡慕我的工作，说："我们换一下最合适了，我就是喜欢搞技术工作。"

世谦虽然和我是同学，但是水平修养远高于我，我从心底里一直把他视为良师益友。党组织是最好的伯乐，金子在哪里都会发光。他从仪表局企管处副处长，升为局党委副书记，其间兼任上海市工

1980 年 3 月 10 日，国家经委团中央赴日学习培训班结业合影

业整党办公室副主任，1985 年后任上海市外经贸党委书记，市委组织部部长，市委常委、副书记，市纪委书记，等等。世谦的地位不断上升，但是他一直保持着共产党人艰苦朴素、廉洁奉公、平易近人的优良作风。

他任市委组织部部长后，住进康平路 100 弄大院，那是以前的华东局机关宿舍。分配给他的房子漏水，他既不要组织出面修理，也不要同事帮忙，而是自己动手解决问题。大院里绿化很好，但枯枝败叶也多，有时工人来不及清理，他就经常一个人去打扫院落。在他眼里，部长和清洁工一样都是人民的勤务员。

世谦的清廉有口皆碑。

我有一个大学同学在郊县工作。改革开放后，一些农村有个"习惯"是逢年过节，要开车进城给"关系户"送点农副产品，这样既无贿赂之嫌，又可联络感情。那次这个同学要送点活鱼、新米给他，我说："罗世谦是绝对不会收的。"他说："我只是略表同学心意而已，再说鱼儿离不开水。"我只好带他去罗宅。世谦的岳母也是极其清廉之人，坚决不收，我说："那就暂时帮我把鱼养起来吧！"晚上世谦委婉地批评了我，说："这个同学的好意我心领了，但是这些大米、活鱼还是要给钱的。"坚持给了这个同学 200 元才肯罢休。

世谦以身作则，对自己要求之严格几乎到了不可理喻的地步。

有一次几位朋友从日本来，正是周日，我们在上海一个同学处聚餐欢迎，也趁机碰碰头。大家请老罗来，但是等我们酒足饭饱、杯盘狼藉之时，他才骑着自行车姗姗来迟——已在家吃过饭了。他这样既看望了老同学、老朋友，又避开了宴席。

世谦的母亲长住北京，来上海后希望看看城市风光，他就骑着"黄鱼车"（三轮板车）载着老母亲观光，不知情的人还以为他是一个穷光蛋呢！

和同事朋友出去旅游，他帮这个提行李，帮那个买东西，熟悉的人知道这已经是常态，不知道的还以为他就是一个服务人员。

比起关心自己，他更关心他人，恪守中国尊老爱幼的传统美德。老罗几十年如一日地关心老同事、老朋友、老领导。一位老领导的儿子对我说："老罗每年春节都来看我爸爸，老人家十分感动。"我说："你爸爸是他的'伯乐'和老领导，每年都去看望固然不错。但你知道吗？一位在美同学的母亲，是个普通干部，他也几十年如一日地关心。这位同学终老美国之后，他逢年过节都要约我和中学班长孙熊飞同学一起去看望老人，直到她102岁高龄去世。"

罗世谦（后排左三）看望住在上海金惠康复医院的上海市
老干部大学学员

我小妹妹在家乡"插队落户"，患病后在上海治病休养，世谦也来家里看望过她，此事令她至今难忘。

世谦在世时，我经常在报纸、电视上看到他出席追悼会的报道。我说："你太累了，怎么要参加这么多追悼会？"他说："见报、见电视的追悼会只是我参加的追悼会的一小部分。我长期搞组织干部工作，接触的人多，参加追悼会对这些逝世的同志是肯定和怀念，对他们的家属也是一个安慰。"

我父亲去世后，世谦来家里看望悼念，向我母亲等表示慰问。一次我不小心说出一位市领导曾经是我父亲的学生的事，他问我："那你父亲去世时那人来看望过吗？"看得出，他非常重视干部的传统道德观念。

他参加了无数次追悼会，想不到我们却参加了他自己的追悼会！

中国科学技术大学同学委托我献上花圈，我写了一副挽联：

一甲子同学情深，钻技术，研管理。同学亦同怀大志，志在实现中国梦想。

四十载领导生涯，育人才，正风气，领导更领先践行，行为推动社会进步。

世谦在出国学习前就是大厂副厂长，退休后还任上海市老干部大学校长，可以说做了40多年的领导干部。至于"同学同怀大志""领导领先践行"，也是真实生活的写照。由于他处在领导岗位，影响更深更广。

我还为一起去日本学习的同学拟一挽联：

乘祖国开放东风，东渡扶桑，精择他山之石。

促社会改革实践，奉献华夏，细攻此地宝玉。

我用"精择他山石""细攻此地玉"来表达我们应学习世谦的世界眼光、开放胸怀。

我们的老领导、原广播电视公司党委书记卜厚沛同志才华横溢，我拟写挽联后想请其修改。谁知近百岁的老领导却挥笔写下一副挽联：

手握重权，不搞特权，世事纷纭能自律。

身居高位，何曾越位？谦虚谨慎受人夸。

署96岁老同志卜厚沛哭挽。此联从"权"与"位"的高度评价了一位优秀干部，还把"世谦"两个字巧妙地嵌在其间，在社会上也引起很大反响。

老同事、卜书记的儿子亦撰一联，云：

为官者的楷模，正派正直正气一身。

老百姓的朋友，真心真情真诚待人。

世谦真诚待人，平易近人，乐于助人，在接触过他的干部群众之中，都是有口皆碑的。

悼念大厅里有一副挽联，是治丧委员会所撰，抄录如下：

先生风范，守一生质朴，世存廉俭身自在。

丹心烛照，为半世人梯，谦怀赤诚意从容。

联中亦嵌"世谦"二字。"为半世人梯"也是他工作的真实写照。他长期担任上海市委组织部部长，培养输送了大批优秀干部。

我从1961年和世谦成为同学到2020年他去世，几乎一个花甲。从1979年一起学日语，1980年去日本算起，也有整整40年。俗话说"耳濡目染""近朱者赤"，和许多同志一样，在世谦的影响下，我确实感到受益匪浅：功名利禄、恩怨得失看轻了，国家前途、同志感情看重了，就确实感到"身自在""意从容"。1963年中国科学技术大学首届学生毕业时，郭沫若老校长赠林则徐言"苟利国家生死以，岂因祸福避趋之"，后来不断被人们引用。范仲淹"先天下之忧而忧，后天下之乐而乐"的千古名句，人们背得滚瓜烂熟。现在对照世谦的一生，我才感到古之先贤竟是那么实在，那么亲切。想起世谦便平添了满满的积极情绪。

借《岳阳楼记》最后一句话结束："噫！微斯人，吾谁与归？"

作者系罗世谦的大学同学

老百姓心中的那杆秤准着呢

俞浩铨

2020年，听到罗世谦遭遇车祸的时候心里一惊，我不敢相信。想去看望他，可被告知他一直昏迷，便想等他恢复后再去。想不到9月23日得到他不幸去世的消息，痛心之余真让人唏嘘不已。

世谦与我并没有太深的私交，但却是我一直尊敬的领导和好友。与他的交往可以追溯到20世纪70年代末，那时他担任上海无线电二十一厂副厂长，我担任上海无线电十八厂副厂长，两个厂同属电子设备公司，常常一起开会，我们就熟了起来，谈得投机，就成了好朋友。他长我4岁，一直称我小俞，我一直称他老罗；他担任市委副书记时，开始称我老俞了，我却还是称他老罗。在正式的场合，我将他看作领导；在非正式场合，我一直将他看成一位值得深交的兄长、朋友。

1980年他去日本进修，行前我们还一起议论日本的质量管理。后来我也去日本考察学习了两个多月。那个时期，我们都热衷于日本质量管理的学习和研究。他回国后不久就担任了仪表局企业管理处副处长，我们又一起交流在日本学习质量管理和企业全面管理的体会。我记得，无论是小松制作所的全面质量管理还是丰田公司的生产方式，无论是索尼公司的Q-up（质量提高）运动还是松下公司如何全面推广克劳士比的零缺陷运动，我们谈得都很投机，有几次讨论时甚至忘了吃午饭，忘了下班。他担任局党委副书记后，我们的联系就少了许多，主要是我怕打搅他。我们之间就只是打打招呼，问个好，他偶尔问问我一些老同事的情况。

退休后，我们常常在老干部大学碰见，不好意思的是，因为我眼睛不好，走路一直盯着地面，两个人见面总是他先和我打招呼。那天，我见到他时说："领导，不好意思，每次都是你先打招呼。"他笑笑说："大家都退了。过去就像坐火车，虽然在一列车上，但开的时候还有座位、卧铺，硬座、软座之分。现在都到站下车了，一起站在一个月台上，不要再分什么领导和百姓了。"

世谦是一位极其低调的领导，即使在位时也是如此。他对自己的要求极其严格，无论衣着打扮，还是行为举业，他永远中规中矩。有好多次，我看到他一个人走在马路上，估计是去看望其他的同志或者办自己的私事。他可以约公车，但从不为私事用车。走在路上，不熟悉他的人绝对不会想到他曾是一位中纪委委员、市委副书记。我知道他常骑自行车，曾劝他不要骑车了，他笑笑说："没问题，骑车方便。"

世谦也是一位有原则、讲情谊的人。他到市里工作后，原仪表局的老领导生病住院，他都会去探望。有不幸去世的，他也总是到场送别。别人有什么事找他——很多都是他原来的下级——能帮忙的他也总是帮着解决，却从不违反原则。每年，他还总是自己花钱请几位设备公司的老领导聚一下。我每年也去几位老领导家拜年，他们一开口就说"世谦请我们吃过饭了"，显得十分开心、自豪，同时还特别强调这是他自己掏的钱。

世谦是市老干部大学的校长，但他常常坐在教室的后面认真地听课，而且几次在课间休息时找我，想听听我对课堂的意见，他说：

忆老罗 ■

"知道你喜欢文学，也有基础，所以特别想听你的意见。"2020年年初，他突然给我打电话，说老干部大学一直联系不到我，可能是我的电话留错了，他也是问了仪电干部处和老干部活动室才查到。我于是赶紧与老干部大学联系，不然当年的网课我就无法参加了。刚开始上网课的时候，有几位老同志还不会用，他就在网上耐心地指导他们，就像同学之间的相互帮忙，一点没有校长的架子。他在老干部大学的口碑非常好，那是因为他的一举一动时时透着谦虚谨慎又不失热情，他的一言一行都展现着一个领导干部应有的风范。

世谦是一位好人，他过世那几天我微信的朋友圈里都是悼念他的信息。读着这些充满惋惜的文字，我问自己，这是为什么？你会说他是市老干部大学的校长，有很多学生；他曾是市委的领导，有很多部下。可是，我有不少同学曾是他二十一厂的同事，都是平民百姓，但同样对他充满感情。这个说："我和他同在一条流水线工作，接受工人阶级再教育，他埋头苦干，三次献血两次拉练。"那个说："一起出差长春，卧铺车厢里他一直帮列车员拖地板，印象深刻。"一个说："去年我们还在建国西路聊过在二十一厂的日子。"另一个说："曾有好几年他已任市委副书记了，春节还会给我打一个电话，真是平易近人、不忘旧情。"这么多基层的普通百姓能有这样一致的感慨，真的不容易。我想，这就是人格的魅力，人品的力量，道德的影响。老百姓心中的那杆秤准着呢。

世谦是真实的，一个真实的优秀共产党员，一个真实的忠诚的共产主义战士，一个真实的在我们身边的楷模。

作者曾任上海仪电控股（集团）公司党委副书记、总裁

君子之交淡如水

陈立品

2020 年 7 月，获悉世谦受伤入院，我很想去探望，但限于探视规定，只能多去医院环着病房大楼走走，心里总希望离他近点，更近点……

世谦是毕生忠诚于党的事业、认真负责、任劳任怨、品德高尚的好领导，也是我的良师益友。早在纺织局工作时，我就见过他骑自行车家访的报道。也巧，1986 年 7 月，我被任命为市外经贸委副主任，他已是外经贸党工委书记。当年我们在中山东一路（外滩）33 号内的简易二层楼装配房办公，他的书记办公室兼作党委会议室，我们四个正副主任共用一室，放两张双人办公桌。新的两委班子成员多数来自工业部门，世谦最年轻，但政治业务比我熟，人也比我成熟得多。他政治意识和大局观都很强，总是站得更高、想得更深。比如，对于如何认识我们的工作站位，他坚定而又清醒地对我说："这是改革开放的前沿部门，是最有挑战性和创造性的岗位，既是友谊的纽带，也是没有硝烟的战场……"他有善于集思广益的好作风，每天上下班时总要到我们办公室走走聊聊，出现一般情况，及时沟通互动，分别处理；发现重大问题，充分调研酝酿后列入议程，开会决定。这样做，既有民主又有集中；班子成员，有分有合。大家拧成一股绳，工作高效，心情舒畅。在世谦的带领下，面对改革开放初期的新情况、新问题，我们按照中央、市委的要求，大胆试、大胆闯，做了不少开拓性的探索，也取得了成效，有的还形成了制度性规范。

1987年4月，市委又任命我为外经贸党工委副书记，世谦被调至市委组织部任副部长。临行前，他嘱咐我要勇于负责，同时要求委领导和专职副书记全力配合支持，要加快以工贸结合为重点的外贸体制改革；积极扩大开放，引进外资；拓展对外经济技术项目合作……我努力了——按照世谦的嘱托，学习世谦的作风，努力做到不负众望。

此后，我曾任静安区委副书记兼政法委书记、区长和中国驻巴西大使馆公使衔经济商务参赞等职。尽管工作期间岗位有变，但世谦一如既往，仍然在思想政治、理想信念、务实高效作风等方面给予我关心和鞭策，并支持我着力制订《上海—静安南京路发展规划》。在我驻巴西使馆工作期间，1995年6月，他随黄菊率领的中

罗世谦（左二）出访巴西时在大使馆与作者（左一）
及其夫人合影

罗世谦（左一）与作者（左二）

共代表团访问巴西，我参与陪同。除原定日程外，他俩还希望参观里约热内卢的城市交通控制管理系统和最大可容纳 20 万人的足球场管理系统，他们身在异国，心中谋划着如何借鉴国外的先进经验，完善上海的交通管理，经营好将要建成的 8 万人体育场等上海建设、发展的大计。世谦还挤出时间专门到使馆经商处看望我和夫人（时任使馆一等秘书）及全体馆员。他乡遇故知乃是人生一大喜事，况且又是在异国。大家都很兴奋，甚至来不及品尝当地水果，彼此有说不完的话……

我和夫人退休后，世谦还冒着酷暑来家中慰问。他肯定了我确已做到党指向哪里就奔向哪里，在各个工作岗位都很努力，口碑也好，画了一个圆满的句号。君子之交淡如水，相识 30 多年，我们一般只是逢年过节寄张新年贺卡或通过短信、微信问个好，偶尔见面，则是一杯清茶暖心间。我老家台州天台山是 5A 级景区，我曾多次约他假日去走走，他在位时总说等退休后，退休后又说费用自理或 AA 制……结果一直未能成行，如今成了我永远的愧疚。

多年前，启正同志与我有一致的看法：人的一生认识的人会很多，而真正值得纪念的人似乎并不多。世谦同志是值得我永远纪念的一个人。都说人生难觅一知己，他却是上海不少干部的知己。几十个寒冬如一日，他冬日外出总是穿着那一件灰色大衣，简单，朴素。

难忘世谦，音容宛在！

作者曾任原上海市外经贸党工委副书记、外经贸委副主任

"我还是老罗啊！"

陈敏

罗世谦同志 1985—1987 年担任上海市外经贸党工委书记。那几年我有幸在他领导下的外经贸委工作，目睹了他的远见卓识、宽广胸怀、朴实作风和高尚情操，并常常为此感动，常常受到教育。

1987 年，罗世谦同志从市外经贸工作党委书记调任市委组织部副部长。一次开会见到他，我说了声"罗部长好"，立马遭到他的批评："以前叫我老罗，现在怎么叫罗部长啦？我还是老罗啊！"一句话说得我语塞。是的，他在外经贸党工委工作时，应他的要求，机关上下都称他老罗。那时谁在办公室、走廊、路上遇到他都会叫声"老罗"，他总是微笑着应答，如果还和他说上几句，但凡他没有特别紧要的事情都会认真听你把话说完，然后来一段他的分析或评论。这样的事多了，我们机关人员会互相提醒：小事不要和老罗唠，正常工作走流程，别浪费老罗的时间。后来他任市委组织部部长、市纪委书记，在我的记忆中也依然是当年"老罗"的样子。

我原任上海外经贸联合团委书记，团委换届时党工委的意见是让我卸任，去干部处重点做后备干部队伍建设的工作。那时我年龄已超过 30 岁，但自己感觉心态还年轻，而且很热爱共青团工作，所以希望继续留任团委。老罗知道我的想法后和我谈了次话。谈话前我是准备挨批评的，也想向领导说说我对共青团工作的热爱。谈话有两个多小时，老罗的一些话语我至今还能想起。老罗对我热爱共青团工作给予了很高评价。他谈到"做共青团工作需要事业心、责任心，需要创造力，需要更加勤奋和努力"，"能为青年们接受，把大家团结在一起奋斗对共青团干部是很大的挑战"。他和我谈自己的成长经历，讲青年时期的成长故事，又谈外经贸行业在改革开放事业中的发展前景，更谈领导班子的重要性、青年人才的重要性。两个小时的谈话没有批评，没有重话，没有压力，始终是引导、鼓励，中间还会插段小案例，气氛轻松。老罗平等和诚恳的态度让我非常感动，他说的那些道理、要求也让我信服。我表示接受党委的意见，去干部处工作。就这样，我怀着使命和责任感去干部处报到了。报到后的第二天、第二周、第三周，老罗都打电话给我，问我工作是否适应，有没有困难，心情怎么样。

这年的冬天，上海特别冷。一个星期日，气温降到了零下8摄氏度，那个年代没有空调，我在屋子里点了个煤油炉取暖，但家里依然冷如冰窖。上午老罗敲开了我家的房门，他骑着自行车来家访。他住在徐汇区的新华路，我住在杨浦区的隆昌路，从西到东几乎横穿了上海市区。零下8摄氏度，还时不时飘着雪，这样的天气得骑3个小时吧。老罗摘下手套，只见他的手冻得通红，脸也冻得通红。他和我们干部处处长站在我家门口，我愣了半晌才把他们迎进屋里，这太让人感动了！近一个小时的家访，我已经记不清都说了些什么，只记得老罗问了多次"工作如何，生活怎么样，有没有困难"。看着领导，我在心里不停地念叨："这么冷的天，骑这么远的路……"一时间觉得屋子不冷了，还充满暖意。

　　后备干部工作开展了一段时间后，按照党工委的要求，干部处召开了一次系统后备干部工作会议，我代表干部处对系统后备干部队伍的建立、充实、管理、使用提出了工作规划和实施步骤。会后老罗和我又有了一次谈话，主题是青年干部的发掘和培养。他说改革开放的形势需要加快发掘和培养青年干部的速度，这是党工委的重要工作。至今我都记得他说这话时坚定的神情。老罗要求做这项工作必须到第一线去，参加他们的活动，和他们做朋友，了解他们的真实情况。他认为两方面的青年干部是培养重点：一是在一线挑大梁有作为的，二是得到团队特别是青年人信任和推崇的。这样的目标实际而形象，在实际工作中我们按照老罗的要求把挖掘、选拔青年干部作为当时的工作重点，逐渐涌现出一大批德才兼备、在外经贸战线挑大梁的青年干部。我文件柜中优秀青年干部的材料不断增加，优秀青年干部的名单不断丰富，各机构领导班子中青年干部的人数也显著增加。

　　外经贸系统当时有 30 多家下属机构，大部分是外贸企业。改革开放给外贸带来了前所未有的发展机遇，同时挑战也异常严峻。党工委对企业的领导班子按"四化"的要求进行了较大规模的调整，老罗和分管的副书记多次对干部处工作提出要求：全面、细致、实事求是。那段时间干部处的同事每天"沉"在各公司，密集报告所联系公司的相关情况，干部处经常召开全处讨论会，形成对各公司领导班子建设的初始方案报党工委。老罗和分管副书记还经常找联络员非常细致地了解相关情况，为决策做准备。不久老罗对干部处有了新的要求：各位联络员除了日常的工作联系，完成工作目标以外，还要了解企业领导班子成员的相关情况——情绪是否有波动，身体健康状况如何（包括家属），家庭有无困难，等等。如有此类情况要第一时间向老罗和分管副书记汇报。干部处为此还专门设计了一张名为"备忘录"的表格。一旦发现以上状况，老罗和党工委其他领导看到"备忘录"就会及时行动，关心企业领导遇到的困难和问题并尽力帮忙解决。企业领导开始觉得意外，随即非常感动。因为此项举措效果明显，干部处同事经常互相提醒：大家不要忘记填那张"不忘表"。

老罗的形象烙在了我的心里，好多年过去了，我常常会想起他。

作者曾任富国基金管理有限公司董事长

充满干劲的时光

周鹤龄

我是 1995 年到上海市委组织部工作的。我们在改革工作中，进行了一系列探索、实践，从国企党建到国企干部制度改革，到现代企业制度的建立，到社区党建、"两新"组织（新经济组织、新社会组织）党建等等，都进行了大胆的改革试点、试行，并就此总结形成了新的观念、机制和制度，受到中央组织部和中央有关部门肯定。这种成功，与罗世谦部长所营造的平等、民主、宽松的工作氛围是分不开的，他是我们这个班子的班长，鼓励大家"能干事，干成事"。每当遇到困难，时任市委常委、组织部部长的他总是敢于担当，并给予各种支持，促成这一系列改革探索的推动、施行，否则新事物很容易中途夭折，很难取得这么多的突破和成功。

1997 年 9 月，在国企干部制度改革方面，中央组织部在安徽召开了一次考核工作汇报会，我部参加会议的同志电告我，这项工作兄弟省市中有的地方已完成，大多数省市也已完成九成以上，而上海只完成了不到三分之一，显然是"拖后腿"了。这要放在一般领导那儿，脸面恐怕是挂不住的。但是我们向老罗汇报后，他没有一点埋怨，也没有任何批评。他一贯对改革创新很支持，很宽容，并放手让我们有足够的时间、空间去探索。罗部长的这种态度和担当，不仅大大保护了试行改革同志的创新积极性，而且有效保护了经济责任审计这一新型考核工具在质疑声中的扎实推进和求深求细的完善。后来，上海提出的"五位一体"的考核办法，得到了中央组织部、审计署领导的充分肯定。

罗部长作为一把手，在遇到困难时，是我们的强大支撑；而一旦取得成绩，却总是让我们这些副职出面出镜，自己保持低调谦逊。他胸怀宽广，让人钦佩敬重。

罗部长关心爱护干部，周末常找人谈心，了解他们的困难和想法。我记得，曾经有两位干部的考察材料，市委未通过并退了回来。如果当时主要领导怕承担责任，既然退回来，事情也就结束了。但是为了对两位干部的政治生命负责，老罗找到我，委托我专门进行调查，弄清楚事实原委，找到涉及问题处理的有关领导，并形成专项报告。后来，这两位干部顺利"过关"，在之后的领导工作中，他们挑起了大梁，成绩斐然。回想起我在1995年到组织部报到时，罗部长曾跟我谈话说："鹤龄，你到部是来干事的。"那时我已52岁了。我很明白罗部长的意思，事业需要我们"钉"在组织部门岗位上，踏踏实实地承担起改革创新的任务，并把改革的连续性坚持到底。

缅怀老罗，我想起了当年那些开拓性的工作，那些干劲很足的愉快时光，真让人难忘。

作者曾任中共上海市委组织部副部长

"做党的忠诚卫士哪有不得罪人的"

张贤训

第一时间惊悉罗世谦部长遭车祸并昏迷的消息时，我心头一震，深知其严重后果，默默祈祷奇迹的出现。但，还是传来罗部长离开我们的消息。我因在外地未能再看上他一眼而深感遗憾。

罗部长是上海广大党员和人民群众公认的焦裕禄式的干部，他坚持真理，坚持严谨，坚持廉洁奉公，坚持关爱他人，是有口皆碑的。我自 1982 年被调至市委组织部工作后，便逐步认识了罗部长，与他有了工作上的接触，特别是 1997 年罗部长调任部领导后，我对他身上的这些优秀品质更有了直接的感受。

罗部长是一个对工作充满热情而又十分细致、严谨的领导，在他手下工作，你可以犯错误，但不可以不负责任、敷衍了事。那时我在综合干部处任副处长，尽管不由罗部长直接分管，但他还是在与我的不经意交流中向我输送他的理念。我记得他经常对我说的一句话是："做干部工作的首要点是一定要出于公心。" 1990 年，我被抽调去参加浦东开发办的筹建，几年后又任浦东新区纪委书记。有一次碰到罗部长，他非常关切地询问我的工作情况，然后感慨地说："很多人不愿做纪委工作，怕得罪人，做党的忠诚卫士哪有不得罪人的。但是，要做好纪委书记，又不要让人感到你不可亲近。"罗部长的教诲使我这五六年间获益匪浅。后来罗部长自己也担任了市纪委书记，示范性地践行了这些理念。

罗部长是一个对人非常坦诚的人，无论对同事，还是领导，只要有需要，他都会鼎力相助。在组织部工作期间，一次会议休息时，他和我促膝谈心，询问了我的家庭情况，得知我爱人身体比较弱时，他给了我不少好建议。几天后的一个中午，罗部长特意到我的办公室，他说他请教了一位专家，并把专家对我爱人调理身体的建议详细地告诉了我。望着他离开的背影，我感动得眼含热泪。

罗部长一身正气、一身正能量的好品质在上海口口相传，乃至我 2001 年调任徐汇区人大常委会主任、区委副书记，5 年后又到市人大任专职常委时，还不断听到罗部长的诸多感人故事。2012 年我办理退休手续后，参加上海市人大老干部音乐沙龙合唱团活动。我们这支队伍小有名气，几次和上海市老干部大学合唱团联手参加市委重大活动。记得我们在青松城彩排时，身为市老干部大学校长的罗部长每次都会来看望我们，亲切地问我们有什么服务要求，我每次握着罗部长手的时候都倍感亲切，默默地称颂一辈子做好人、做好事真不容易。

罗部长离开我们走了，但在我心中他永远是一座令人敬仰的丰碑。

作者曾任中共上海市委组织部综合干部处处长

一个标准的好人

施耀新

罗世谦是个好人，标准的好人。我发自内心地佩服他，这样的领导真的十分少见。

我与世谦同志于 1982 年冬认识，至 2020 年夏他不幸车祸离世，交往了近 40 年。我们年龄相近，他长我 3 岁，并直接分管过我工作 5 年，是我名副其实的"顶头上司"。他一直在市委工作，而我离开市委组织部后，先后去了浦东新区、虹口区、静安区三地工作，都与他有交集。不仅我去市里开会时会见到他，有时我在区里也会遇上深入基层的世谦。无论是在区委、区政府、区政协工作，他都一直关心着我。我在工作中遇到问题时，常请教他，把他看作师长，他也会通过我了解地区的一些真实情况。我们虽是上下级关系，但一直保持着深厚的同志情谊，他是我学习的榜样。

1982 年，世谦与我都是市委党校第九期干部培训班（半年，全脱产）的学员。"文革"结束后，干部队伍交替出现断层，青黄不接。为此，市委先后举办了第七期、第八期学习班培养中青年干部，但学员仅百余人，明显不足，因此举办第九期时就进行了扩招，学员有千余名。那时，市委党校本部在三门路，校舍容不下如此多的学员，就让多数学员走读，分散到有关区、委办局的党校去学习。大课集中上，平时的学习讨论就分散进行。记得一次在福州路市府礼堂上大课，刚听课不到半小时，我的钢笔就没墨水了，不巧又没带别的笔，只得放弃做笔记。这时，坐在我右侧的一位学员主动从包里掏出一支钢笔给我，说："我这里还有一支，你用吧。"报告会结束了，我把笔还给他，他客气地说："你留着用吧。"我说："谢谢了。"但我知道钢笔不便宜，还是把它塞回了他的手提包。走出会场时，我们又礼貌地交谈了几句。当时我记住了他姓罗。第九期学习班结束，有一部分学员便走上了区、委办局的领导岗位，还有一部分学员被分配到了市委党风调查组，我被抽调至市委人事安排小组工作。当时我的一位领导在"文革"前就是仪表工业系统的领导，她常提起仪表系统的一些中青年干部，其中就有罗世谦同志。一次偶然的机会，我在一份干部登记表中看到了罗世谦的照片。噢，原来就是他！不久，世谦同志出任市外经贸党工委书记，我联系工作时曾见过他一次。3 年后他转任市委组织部副部长，并直接分管我所在的党政干部处，成了我的"顶头上司"，从此我们就常在一起工作了。

世谦同志是个非常平易近人的领导，从不用居高临下的态度对待下属，总是与人切磋商量，时时显出发自内心的谦和。

他第一次到我们干部处时，穿着很旧的蓝色夹克衫，一点都不像个大领导。同志们见部领导来，习惯性地恭敬起立，听候指示，他赶紧招呼大家坐下，说："不，不，不要这样，大家随便点。"他拉了张椅子坐下，又说，"耀新，我们几年前就认识了，不见外。现在部里分工，由我联系你们处，大家以后一起工作。我新来，不熟悉情况，还要向大家学习。"这番话一下子就拉近了彼此的距离。之后，他隔三岔五地就来处里，大家也就很随便了，该做什么就做什么。有时他随便找个空位就坐下聊工作，外边的人乍一看，真不知道谁是部领导。他不让同志们叫他部长，于是大家直呼他"老罗"。

我知道他早年中学就读于北京四中，那是北京的一所名校，大学他考上了很有名气的中国科学技术大学（但他自己从未讲起）。而我小时候是个苦孩子，在乡下祖父母身边长大，读的是一所乡野中学，除校长是县里下派的新四军老干部外，教师都是从南京市下放来的，所谓"有些问题"的，不是"出身不好"，就是被定为"右派"的，英语教师只上了一个月课就回城了。三秋三夏，我们常要半农半读，因而文化基础较差。我后来通过业余自学，参加复旦自学考试，才取得了大学专科学历。我外语不行，当时自学《新概念英语》，学到第二册就学不下去了，连普通话都不标准；而自己又搞干部工作，接触的干部大都是高学历、出身名牌高校的尖子生，相形见绌，我常常流露出矮人三分的情绪。老罗却对我说："你在农村长大，又去过部队锻炼，这个经历很好呀！你自学并通过 14 门单科考试取得学历，那也是很不容易的，这没有啥关系，不是照样能胜任工作吗？"

他不仅工作认真、细心、周密、稳重，而且还是一位很内秀、非常重视工作创新的领导，遴选年轻干部时尤其注重干部的发展潜能，对领导班子的配备，力争"功能兼备""优势互补"，注意班子配备的整体效果。

世谦同志对自身要求十分严格，他的清正廉洁是出了名的，没有丝毫作秀的成分。我讲讲这方面的二三事。

大约在 1990 年，世谦同志和我一起到普陀区考察区级领导班子，按计划需找 20 位干部单独谈话，估计要花上一天时间。我照老罗的意思，对时任区委书记说："今天不回部里了，我们买饭菜票在大食堂就餐。"对方说："排队要花时间，你们找人谈话，时间又不好掌握，食堂去晚了，就没什么菜了。或者这样，和街道乡镇干部来区开会办事一样对待，请后勤备两份客饭吧。"我想，这也行，12 元一客，我们自己付钱便是了。谈到中午 12 点半，我们去了食堂。食堂的同志拿出两盘丰盛的盒饭，有大排、基围虾，还有西红柿炒蛋、豆制品、绿叶菜等，另盛有米饭和汤。老罗见此有些不高兴了，对我说："不是说好不要招待，我们自己排队买饭菜的吗？怎么又搞这些了？"我就把区委书记的话转述了一遍，并补上一句"事后会同他们结账的"。老罗勉强坐下了，但马上把两只大虾放在我的盘子里，说他不吃。我尴尬得很，心里也有点生气，一言不发。后来老罗似乎察觉到了什么，主动对我说："没事，没事，我们是来工作的，这样招待给他们添麻烦，不好。以后遇到这种事，事先要讲坚决点。"自此以后，我与老罗外出，尽量不安排在机关吃饭，就找附近的小餐馆吃碗面条，老罗很乐意这样的安排。

有一次，我俩到长宁区考核班子。到了区机关后，老罗让驾驶员小张回部里，便于其他领导工作用车；如有需要，再通知他来接。这天，我们工作到下午四五点钟。我问老罗："是不是让小张开车来接？"老罗想了想说："现在正值下班时间，路上堵得很，不用了，我们一起走回部里吧，也好边走边聊聊工作、谈谈心。"于是，这天傍晚，我们从愚园路出发朝着高安路方向，向南向东，七转八弯，穿过南京西路、延安路、淮海路等，直到晚上 7 点钟才回到部里。

到部里后，他又一头扎进办公室埋头处理文件。

1990年夏季的一天，下午1点多，老罗在市委办开完会后，顺路回他在康平路的家中吃点便饭。我有急事，遂直接到他家汇报工作。老罗的家在5楼的东边套间，东墙会渗水，还有许多黑色霉斑，不仅不雅观，细闻还有股霉味。我看到后对他说："我的老单位是搞电力建设的。下周休息日，我带一位水泥匠上门，用防水材料把墙给你整修一下。"他立即说不用。我说："人工材料费一定照实向你结算，这没啥关系的。"他还是不让。我又说："那我跟部里办公室搞行政的反映一下，让他们上门来修。"他又是一连串的"不，不，不"，并说："这怎么行，部里有几百人，家里的事都要麻烦单位，这更不行。不说这些了，这些你不用管，我们谈工作吧。"当时我心想，部领导平时工作忙，老罗家离部机关又近，这点小事不算什么，可他坚决不让搞一点特殊。我理解了老罗公私分明的秉性，以后也不再提这类事了。

世谦同志对己要求苛刻，但对同事还是很讲人情味的。1991年年末的一个星期天，根据有关同志建议，大家想在一位独居的处室同志家中聚餐一次，每人带一份家里的拿手菜，拼桌联欢。我向老罗提起这个安排，并顺便问："你能参加吗？"没料他一口答应了。这天老罗带了一瓶日本清酒（是他几年前去日本进修时带回来的）与大家共享。席间，他还逐个对处里的同志进行工作点评，表扬鼓励了大家一番，气氛很是融洽热烈。事后，有位同志调侃地说："谁说老罗不食人间烟火，他蛮重情谊，很有人情味的。"

1992年下半年我跟随时任市委常委、副市长的赵启正同志参加组建浦东新区的工作。为了海纳百川、广揽人才，体现浦东不仅是上海的浦东，也是全国的浦东，1993 年年初新区挂牌不久，在编制十分紧缺的情况下，浦东拿出 40 个名额向全国公开招聘新区机关干部。当时已任职浦东的我先向主政新区的一把手赵启正同志汇报，他同意大胆地试。翌日，我正巧参加市里的一个会议，又向已任市委常委、市委组织部部长的世谦同志当面汇报了向全国公开招考新区干部的设想。世谦同志先问我："你向启正汇报过吗？"我说："汇报过，他很支持。"他接着说："启正同志是市委组织部的老领导，你们有这样大胆的设想很好，我们会全力支持！当然向全国招考这是开天辟地的第一次，这个影响很大，你们的工作要做细。"当时，我还汇报了这次招考要贯彻"公开，公正，竞争，择优"的原则，

1995 年，中央组织部领导来上海考察浦东新区，罗世谦（左四）陪同，作者（左八）等人参与接待

还要考虑"三个突破",即"突破地域界限,突破身份编制界限,突破学历界限",真正体现"不拘一格选人才";具体步骤"要经过知识笔试、心理测试、情景模拟、答辩面试"等多道门槛才录用,并希望在最后遴选副局长人选答辩时启正和他能当主考。世谦当场答应:"我一定来。"两周后,在新区举行答辩面试、现场评审会,由启正、世谦担任主考,市委组织部、市人事局、新区其他党政领导组成评委,市人大、政协、纪检监察、工青妇、新闻记者现场监督。这次招考,全国各地有1800余人报名参考,最终录用了40名干部,还吸纳了一批德才兼备的人才进入中介机构、企事业单位。这次招考对新区党政机关、对干部也是无形的鞭策和激励,增强了他们不断提高自身素质的紧迫感。今年正是那次招考的30周年,这批干部大都政治素质好,肯干、能干,其中5名现担任厅局级领导,28名走上了处级岗位。

我在浦东新区工作的4年中,虽然离开了市委组织部,但我是浦东新区的组织部部长,世谦同志一直关注着我,还是和往常一样,及时给我工作指导。那时,我晚上10点多一般是不上床睡的,习惯等他的电话,只要电话铃声一响,老伴就催我:"老罗的电话,你快接。"就是这样的工作关系,他对我也只谈工作、人事,从不议论他人是非。他还常对我说:"我们是同志间的工作关系,没有私房话。我们的工作太重要了,决不能有亲亲疏疏,绝不能有半点疏漏、差错。""搞组织干部工作的,职虽轻,责很重。你的言行在大家的心目中是代表组织的,切记要谨言慎行。用人是导向,必须公道正派,这是我们的职业道德和操守。"我这个人办事心急,又是直性子,修养远比老罗差，有时受了些委屈，还要发点小牢骚，闹个小情绪。这时老罗总是说："搞我们这一行的，要受得了委屈，耐得住寂寞，经得起考验。"老罗为人做事，从不考虑自己，只有工作，只想他人。他有时明明也受了委屈，但从不解释，从无怨言。他以身作则，处处表现得"无我"，让人发自内心地敬佩。

后来我被调至虹口区政府工作，再后转至区委工作，7 年后又转至静安区政协工作，但我们一直保持着联系，有话直说。他对我是该鼓励的鼓励，该批评的批评。我也直言不讳，对他讲真话，反映实情。在他任市委组织部部长和市纪委书记期间，我已被调出组织系统了。我还被借调到市委组织部工作，曾先后两次带队去西藏、新疆，对援藏援疆锻炼的干部进行考核。就这样，到了 2008 年前后他从市领导岗位上退下来，我也退休了。老罗因兼有一些社会工作，组织上安排他在吴兴路上的一间办公室工作。我和《组织人事报》前总编桂悦仁同志还几次相约去看他。我们都知道老罗的秉性，从来就是空手去，难得老桂带上一本书，老罗也总是清茶一杯相待。我们之间是标准的"君子之交淡如水"，聊点时事家事，谈点社情民意。一次，我和老桂早到了十几分钟，他骑着"老坦克"自行车赶来，一见面就说："对不起，我迟到了。"我说："您没有迟到，是我们早到了十几分钟。"我知道他经常锻炼身体，坚持每周去游泳几次，虽早已满头白发，但身材保持精干。我问他是否有"三高"，他答："血压、血糖、血脂还属正常，就是有点脑供血不足。"再之后，他接任市老干部大学校长，我退休后参加市政协之友社的书画组，也常去市老干部大学听课。他总是骑自行车到青松城"上班"，还到

忆老罗 ■

各个班转转看看，鼓励我说："退休了，有个爱好很必要。"

世谦同志无论是在市委组织部、市纪委，还是在市委办公厅，20多年来经常骑自行车上下班。一次搬家，他还踩着三轮板车来回运家具。平时他常常穿着褪了色的夹克衫在菜场买菜。万万没想到，2020年他就是骑着那辆自行车，被飞驰的汽车剐倒在地，经抢救无效而离开了我们。

老罗走的那天深夜，启正老部长在电话中啜泣着讲了老罗在医院抢救的过程，还给我发了好几条微信，可平时文采飞扬、字斟句酌的他，老是发错，不是漏字，就是写错日期，只得再重发……我深知启正太难过了。他反复对我说："世谦是最现实的榜样，他做人、做党员、做党的干部，多方面是第一……"是呀，老罗这样的好人真是绝少见到的。

世谦同志曾是上海市委副书记，在省部级岗位上工作了16年之久，他是一个忠诚的共产党员，一个清爽的好官。他清正廉洁的一生非常难能可贵。从他身上，我悟出了一个道理：要做一个好官，首先要做一个好人。

作者曾任上海市静安区政协主席、

中共上海市委组织部党政干部处处长

不说"官话"的老罗

陆和逊

老罗走了，让好多好多人心痛，我深信这是真心的，是出于对他高尚品质与纯粹人格的由衷敬佩。

一起在组织部工作时，第一次随老罗出任务的事我至今难忘，令人唏嘘。一位离休老同志在华东医院去世，身边无一亲人。深夜接到通知后，我随老罗代表组织部到了医院。病房里只有一名护工，她以为我们是家属，就吩咐我们去为遗体穿衣，这可能也是按习俗办事。我刚一犹豫，老罗已一步向前，随后我们按照护工的专业指

2003 年 3 月 1 日，罗世谦（一排左一）和上海市委组织部同志参观雷锋展

导为老同志穿衣正容，直到送入医院太平间的冰柜，向遗体鞠躬后离开。整个过程默然无声，那位护工一直把我们视为家属。有一刻，我甚至认为自己有点失职，应该向护工介绍那是位部领导。事后向老罗谈起此事，我还有几分忐忑，他却说："这事你做对了……"再后来，我越来越相信老罗说的不是"官话"。

老罗，我们永远不会忘记您。

作者曾任中共上海市委组织部办公室主任

照片里的深刻印记

王京春

2023 年 8 月上旬的一天，我接到市委组织部老同事钟海珍的电话，她问我是否能提供一些老领导罗世谦生前的工作照片。为此，我约了在市委组织部曾一起从事知识分子工作的忻雅华来市住建委老干部活动室见面。

一见面，忻雅华便从包里小心翼翼地拿出一本老相册，激动地说："你看，这是我这几天翻相片时找到的，是 23 年前我们在市委组织部举办活动的照片，里面有不少罗部长的珍贵画面。"我俩一起翻开泛黄的相册，那段在市委组织部工作的温馨时光和美好瞬间一幕一幕出现在眼前……

1985—2000 年，我先后在市委组织部宣教科技干部处和知识分子工作处工作。1993 年 3 月，忻雅华被调入上海市突出贡献专家服务中心（与知识分子工作处合署办公），主要从事高级专家服务工作。20 世纪 90 年代初，国家先后恢复和建立了中国科学院院士、中国工程院院士和国家有突出贡献中青年专家的评审。在罗部长的高度重视和关心下，1992 年上海市突出贡献专家服务中心成立了，主要负责联络服务高级专家和有突出贡献的中青年专家。记得那时，罗部长常到我们处和中心来，了解两院院士的情况，要求我们常和专家联系，多了解他们的需求，尽力解决他们的后顾之忧。他说：

"这块工作拜托你们了，你们一定要服务好，再怎么做也不为过。"按照罗部长提出的要求，我们搭建了两个服务网络，一是将所有院士所在单位办公室主任和院士助手列为联络员，以及时了解院士在工作、学习、生活中遇到的实际困难，主动服务，帮助他们排忧解难。二是将所有三甲医院的院办主任或党办主任列为联络员，以便第一时间解决院士住院问题。老罗还对我们说："有院士住院，你们一定要告诉我，我有时间一定去看望。"后来，在罗部长的亲自关心下，所有的院士都拿到了红卡，看病难的问题解决了。每年春节前，他都要安排时间去慰问两院院士。

2000 年春节前，罗世谦（左五）等人看望上海硅酸盐研究所所长
严东升院士（左四）夫妇

罗部长对高级知识分子有着一种特别的情怀。每年，我们都要组织全市高级知识分子联谊和团拜活动。2000 年新世纪来临之际，

市委组织部、市委宣传部、市委统战部、市人事局等联合举行"托起新世纪的希望"大型联欢活动。作为活动策划人之一的我，一直想请罗部长和时任市文联党组书记的周渝生一起表演配乐诗朗诵。没想到和罗部长一说，他欣然同意，我高兴极了。于是，我们请作家协会创作了一首诗歌《致敬跨世纪的精英们》，并安排了一次排练。罗部长在百忙之中也抽身前来，在钢琴伴奏下认真地排练。

2000 年 1 月 25 日，罗世谦（一排左二）在上海音乐学院排练节目

2000 年 1 月 26 日，"托起新世纪的希望——群星迎春大联欢"在上海国际会议中心举行。罗部长健步走上舞台倾情演出，他和周渝生饱含深情的朗诵赢得了阵阵掌声。

我和忻雅华久久地看着罗部长与老专家欢聚一堂的照片，不停地说"这张照片太好了，太珍贵了"，罗部长和老专家们脸上都洋溢着灿烂的笑容，这笑容是真情，是信任，是情怀。

2000 年 1 月 26 日，罗世谦在联欢会上朗诵《致敬跨世纪的精英们》；
与严东升、吴孟超、张瑞芳等老专家欢聚一堂

在我们相继离开组织部后，一些老专家还与我们保持着联系，偶遇时他们还会说起罗部长对专家们的关爱。"对待知识分子，他就像一团火一样温暖。"老专家深有体会地这样评价道。

我和忻雅华都感到，有幸在罗部长身边工作多年，对我们的人生是一种宝贵财富。罗部长在工作上非常严谨、要求严格，但对下属又很亲切，没有架子。我们向他汇报工作时，他如果说"没事的，没事的哦"，我们回来就会说："老罗说没事没事，那就是有事。这件事我们一定要把它做好。"老罗对我们说"没事没事"，是在体恤我们做得辛苦，不愿当面批评我们没做好。我们很清楚罗部长这句话的含义，便会认真查找工作中的不足，改进工作。每年部里组织团拜活动时，他都会带领部长们给大家拜年，送上新春问候，提出新年勉励，使人感到十分温暖亲切。这种上下级之间的融洽关系，大家都很怀念。罗部长就这样以他的领导魅力和人格风范，潜移默化地教育和影响着我们。

往事如昨。不知什么时候外面下起了细雨，淋湿了窗外的梧桐。伴着淅淅沥沥的雨声，我想起一个雨天，在住建委老干部活动室，有过一次难忘的见面会。我马上打开手机，在微信收藏中打开一篇"美篇"给忻雅华看。2019年9月，祖国70华诞将至，曾在市委组织部工作过的一些退休老同事想见见面，委托我组织一下，我把见面地点安排在了这里。为让老同事们有个惊喜，我事先没告诉大家邀请了赵启正等老部长。9月21日下午，老同事们来到会场，看到了赵启正、陈士杰、陆凤妹等老部长，喜出望外。赵部长坐下就问我："世谦同志来吗？"我说："我怕打扰他，没好意思叫他。"赵部长说："我打电话，他只要在，一定会来。"我们听到赵部长在电话

2019年9月21日，上海市委组织部退休人员见面会合影
（罗世谦为一排左五，作者为二排左二）

忆老罗 ■

里说："世谦，我们组织部一些老同志在这儿，你来啊。"一位老同事立刻自己驾车接罗部长过来了。大家见到罗部长，别提有多高兴了！那天老部长们笑容可掬、容光焕发、风采依旧，和我们一块儿谈古论今、趣谈天下，兴致盎然、一室春生。真可谓：长上属下班荆道故，抵掌而论；素友之间互叙款曲，互道契阔。老同事刘宝生拍下了照片，并做成题为"雨润梧桐树，情暖素友心"的"美篇"，很感谢他为我们留下了那美好瞬间。

让我们万万没有想到的是，才过去不到一年的时间，竟然听到了罗部长去世的噩耗，那次竟是我们和罗部长的最后一次见面。时光似流水，带走了年华，带不走回忆。罗部长是一位有思想、有水平、有情怀的好领导，我们深深地怀念他。如今，我们翻看着一张张老照片，敬爱的罗部长的音容笑貌就浮现在我们眼前，他永远在我们心中……

作者曾任中共上海市城乡建设和交通工作委员会秘书长

他竟自律至此

崔玉宝

罗世谦自 1987 年至 2001 年在市委组织部工作了 14 年，先后任副部长、部长。

我曾在市委组织部干部教育处工作过七八年，在部里，无论是背后还是当面，我们都习惯称他罗部长或老罗。即使他后来担任市委副书记、市纪委书记，我们依然习惯称他罗部长或老罗。我们大家都耳闻目睹罗部长的坚持原则、任劳任怨，严于律己、廉洁奉公，关爱部属、平易近人。他不仅在上海的干部队伍中有口皆碑，在部里同志的心目中，更是一位可亲可敬的好领导，一位受人景仰的楷模。

干部教育处因负责上海干部的国（境）外培训工作，需要经常与国（境）外的大学联系，开通有国际长途。有一天，罗部长到我的办公室，说："小崔，要借你们的电话，给日本的朋友打一个电话。"罗部长不仅英语好，因早年参加过团中央组织的赴日培训，日语也很好。部长要打电话，我便准备离开办公室，罗部长却说："不用走，没关系的。"当然，我不会真的留下。当时我就感慨，堂堂的市委常委、市委组织部部长，他办公室电话开通国际长途不是一句话的事情？罗部长自律至此，可见一斑。

罗部长的公私分明、清正廉洁是出了名的，在一些小事上对自己的要求也极为严格。1999年，我带队去日本大阪参加培训，共21天，回来时买了些小礼物送人。我想罗部长参加过赴日培训，对那段经历有感情，就给他带了一个有京都金阁寺图案的指甲钳，不想罗部长看到后十分不悦，严厉地说："你这是干什么！"我连忙解释，罗部长这才缓和了口气，说："那就放下吧。"当然，留下指甲钳，他是不想拂了我的心意，而最后这指甲钳很可能是被交到了部里。

1995年年底，江泽民总书记提出，在对干部的教育当中，要强调讲学习、讲政治、讲正气。1998年，市委准备召开以"三讲教育"为抓手，加强干部队伍建设的全市性会议，宣传领导班子建设搞得好的典型，并选定了五钢（宝钢集团上海五钢有限公司）。为此，我带队在五钢整整待了一个星期，进行个别访谈，召开座谈会，查阅资料，写了一篇调研报告。时任《解放日报》经济部主任的宋超专门约我，对文章给予了充分肯定。虽然后来市委按照中央的统一要求部署开展"三讲教育"，原定的会议没开，文章也没用，但是罗部长却对我们肯定说："你们的工作没有白费，这次调研发现了一名好干部。"不久后，这位干部由五钢党委书记调任杨浦区委书记。

罗部长关爱干部的例子比比皆是，举不胜举。

世事无常。未曾想，众人交口称赞的罗部长，竟以那样的方式离我们而去，令人唏嘘！然而，罗部长的音容笑貌、高风亮节，会一直留在我们的心中。

作者曾任中共上海市委组织部干教处处长

他是我的证婚人

姜鸣

　　罗部长是 1987 年 4 月调来市委组织部任副部长的，分管我所在的青年干部处工作。他工作细致、作风严谨，待人亲切。我们按照当时部里的传统，对他不称职务，一直直呼"老罗"。他平易近人的风格常常给人带来意外的感动。

　　一直记着随罗部长去北京出差时的一件往事：那次我们住南河沿大街翠明庄招待所，返程乘 13 次特快列车，晚上 7 点多发车。按招待所规定，要在中午退房，所以我们或者手持行李在京办事，或者将行李寄存在前台，办完事后回翠明庄取件。每次出差皆是如此，本来也习惯了。但这次罗部长提出，退房后他将各位的行李运送到位于北京站旁边的父母家中，大家傍晚从他家取出即可。我们都说，这怎么行呢？他说就这么办！那天清早，他先乘 103 路电车回家，骑了一辆自行车回翠明庄，硬是把所有人的行李挂在车前、绑在车后载走了。他是部领导，此前已任市仪表电讯工业局党委副书记、市外经贸党工委书记多年，却依然像个普通的机关同事，对下级如此体贴入微，没有一点官架子。他说他中学起就骑车去北京四中读书，早就习惯了。

　　罗部长从小在北京生活，毕业于北京四中。"文革"前，四中是北京最好的中学之一，云集着大批高干子弟。1987 年 9 月 27 日为校庆 80 周年纪念日，我恰好陪他在京出差。他说四中在上海的校友们委托他把校庆纪念册捎回去，让我代他去取。他出身普通家庭，当年凭着出色的成绩在班中崭露头角，中央组织部青干局副局长贺兴洲（贺龙的侄孙，烈士子弟）是高班学长，担任过罗部长所在班级的辅导员，所以他们在一次会议上很亲热地相认交流，回忆往事。但罗部长从不利用个人关系去发展私人友谊，行事极为低调。四中校庆活动时，知名校友云集，他自己也事业有成，却不去赶会，留在招待所找干部谈话。

对我个人来说，与罗部长还有另外一层特殊情感。1988 年 5 月 10 日，我举行婚礼，他很爽快地答应做我的证婚人。我的婚礼简朴而不失喜庆，在上海植物园草坪上举行，全部来宾共十几个人，除了我和新娘李家玻及双方父母、新娘哥嫂之外，都是青干处的同事和其他组织部系统的朋友。全部来宾乘坐一辆中巴，到了草坪上，用带去的录音机播放瓦格纳的《婚礼进行曲》，罗部长致了热情洋溢的证婚词。接着来宾分别发言祝贺，唱歌，做游戏，起哄让我和新娘跳舞。最后，大家驱车去樱花度假村喝喜酒。

晚上的婚宴也很简单，连同驾驶员和请来帮忙录像的同志一起入席，才摆了两桌，但气氛更加热烈。组织部部长赵启正偕夫人郑老师也来参加，并发表了热情洋溢的讲话。赵部长说："新婚夫妻在一起生活，就像一对新的齿轮要相互磨合，互相适应，才能白头偕老。"罗部长说："姜鸣，你的婚礼办得很有特点，简朴而隆重，要永远记住这一天。"我非常感谢部领导对我的关心爱护，我说："我会记住这个难忘的婚礼，20 年后、30 年后，我还要请大家再相聚！"

时代将引导
你们走向幸福。

祝姜鸟、李家玫、新婚。

罗世谦
88.5.10日

罗世谦写给作者的婚礼贺词

　　1992年我离开组织部后，和罗部长联系不多。大约在1993年或1994年的某天黄昏，部长事先未打招呼，就直接来到建国西路我工作的证券营业部看我。那天收市之后股民散去，营业部的大门已经拉上铁栅栏，他在栅栏外大声喊我的名字，令我十分意外和惊喜。罗部长说，证券市场兴起，全国人民炒股，气氛很热烈。他今天乘车经过这里，正好进来看看。我向他介绍了交易的规则和市场发展的情况，他从散户大厅到大户室，看得很认真，询问得很仔细。

　　斗转星移，岁月如梭。2008年5月，我给罗部长打电话，邀请他参加我的结婚纪念聚会，他又爽快地答应了。我向他汇报了我最近的工作——已从中国银河证券公司调往上海国盛集团。他询问了我爱人和孩子的情况，感叹日子过得真快，转眼20年过去了，他自已在上一年也已从市委副书记的岗位上退休。5月17日，他和赵启正部长夫妇一起莅临晚宴。还是当年那十几位老朋友，我们欢聚聊天，讲述着时代的变迁和各人的变化。

2018年是我结婚30周年，赵部长夫妇和罗部长再次兴致勃勃地莅临欢庆晚宴。这年罗部长75岁，满头白发，精神矍铄，谈兴甚浓。在致辞的时候，他讲到曾读过我写的一篇讲述1896年李鸿章访问俄国的文章，我在写作过程中不仅使用历史文献，还用互联网查证各种细节，结交了一批对历史研究有兴趣的朋友。他说他的爱好是无线电，不久前他和14位大学同班老同学去参观浦东的科大讯飞公司，回想起当年读书时老师对声音的预测：将来声音一定能够变成电子的形式，电子可再变成另外一种形式；肯定有一天它可以被人工翻译出来。罗部长说："这些技术进步今天我们都看到了。可惜15个同学，只有我不再搞专业。"赵部长插话说："时代需要你改变方向。"大家都欢笑起来。确实，在火热的改革开放年代，他和赵部长都放下了自己心爱的专业技术，为国家和社会的进步全身心地奉献出了自己的智慧和力量。罗部长又说："姜鸣从事的职业方向和原来所学专业不一致，但是他没有放弃专业。越是到老了的时候，我越是觉得一个人要有爱好，要有一个并不随着年龄的变化而变化的兴趣。姜鸣是一种模式。"这些亲切的话语，至今犹在耳畔，我永远不会忘记。

作者曾任国盛（集团）有限公司副总裁

罗部长赠我定盘星

丁晓云

惊回首，罗部长已经离开我们 3 年了吗？

不，他没有走，他一直陪伴着我们，他的精神熠熠生辉。只要我们记得，他就活着。

尽管已经过去了 30 年，但我依然清晰地记得罗部长与我的那次谈话，他对我赴新岗位工作提出了三项要求，这也是他赠给我的定盘星，一直鞭策着我在多年的职场生涯中心怀敬畏，脚踏实地。

1985 年，我从复旦大学毕业后进入市委组织部，在这个团结友爱、积极向上的集体中，整整学习、工作了 8 年。1993 年，我主动请缨去基层加强学习锻炼，正值部领导也在规划中青年干部队伍建设，不久我的请求就被批准了。那年的 12 月 25 日，在我即将奔赴基层岗位的前 3 天，罗部长约谈了我。

说实话，当时我的心情很纠结，既对履新基层充满期待、憧憬，更对老领导、老同事难舍难分。8 年中，我有幸经历了三任部长，从曾部长，到赵部长，再到罗部长；他们治下的党员之家、干部之家，给了我们这些年轻干部多少教育和关爱！那些温馨难忘的记忆，竟使我去部长办公室的脚步有些迟滞。

带着不舍，同时也带着对未来自己能否适应的疑虑，我走进了部长办公室，迎面看到了罗部长那沉着而又充满信任的眼睛，顿时让我释怀了不少。部长好像能看穿我的心思——他太了解我们了！部里同志的所思所想、所忧所虑、所长所短，都在他心里装着。这次谈话，罗部长打开了我的心结，对我赴新岗位工作提出了明确要求，这也就是他送我的定盘星，让我终身受益。

罗部长送我的定盘星包含了三条准绳：

相信组织——这是第一条。多年从事组织工作的他，深谙党的组织优势的强大力量所在。他要求我到新单位后一切服从组织安排。他说："你去的是一家国有企业，担负着国家战略，责任重大。"响鼓重槌！部长说话的声音并不大，却像重锤敲击着我的心房。我明白部长的意思，他在为我鼓劲：道阻且长，但使命必达。我不是在孤军奋战，党组织就是我们攻坚克难、赢得胜利最坚强的依靠。

努力学习——这是第二条。从机关到企业，又是到一家以往我没有接触过的金融企业，对自己能否胜任这种转型，我有些担忧。罗部长分析说，上海要建设金融中心，这是全新的探索。世上无难事，只要肯学习。他鼓励我说，你去的企业在金融第一线，有更多机会探索前行。其实探索也是学习，是向实践学习，努力在干中学，学中干，一定会有收获。

忠诚于党——这是第三条，也是罗部长最为看重的。他认为这是一个共产党员要用一生来回答的。记得他几乎一字一顿地嘱咐我："无论你走到哪里，在什么岗位上，都永远要记得自己是一个共产党员，一定要为党的事业做出贡献。"说完这话，罗部长意犹未尽，又在我笔记本的第一页上慎重地写下了临别赠言："祝丁晓云同志为党的事业作出更大贡献！"从部长手里接过笔记本，我感到沉甸甸的，仿佛听到了一种神圣使命在召唤！

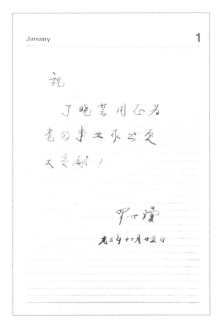

罗世谦为作者题写的赠言

回溯 8 年在组织部的日子，我深感罗部长对年轻干部的教育培养，不仅是言传，更在于身教。他把对党的忠诚，写在了多年如一日坚守着的党的组织工作阵地上，写在了孜孜不倦地建设党员之家、干部之家的全身心奉献中。

记得 1993 年年初，我在市委党校中青班学习，不慎摔了一跤，造成尾骨骨裂，医生嘱我静养休息。当时因为工作太忙，也就没顾得上休息。不能坐着写材料，我就站着写。我想尽量瞒着领导，没想到还是瞒不过部长的关爱。罗部长在得知消息的当天，晚饭都没顾得上吃，就带着张秘书长赶到我家。他关切地询问我的病情，要我一定得遵医嘱，该休息就不能硬挺。他说，身体好了，工作就会更有劲头。作为市委常委、组织部部长，罗部长日理万机，几乎每天都工作到深夜，却为了我这个普通工作人员的一点小伤，饭都没顾上吃，让我和家人都感动不已。直到今天，我的家人还常常念叨说，部长把心思全放在关心别人身上了，如果留一点关心给自己，也不能走得这么早哇！

罗部长关爱下属，细致入微，对自己却十分严苛。他不止一次自己踩着或推着自行车送家人去医院就诊，至少我就遇到过两次：一次是送母亲就医，另一次是送爱人去医院。记得他推着自行车送母亲就医那次，天上刮着大风，我见他推得十分吃力，就跑上去劝他说："罗部长，按照您的提议，最近部里已经定了一项制度，如果家中有老人、孩子急需送医，可以用部里的车。只要按规定申报，按标准交付油费和成本费就行。我和其他一些同志都已用过了，因为我们的孩子很小，半夜又叫不到车，部里的车解决了我们的燃眉之急。今天天气不好，部里的车正空着，您用一下这车，一点也不违反规定呀！"罗部长却摇头说不行，他说自己是部领导，应该从严。

这就是我们的罗部长。他严于律己、清正廉洁的故事，部里每个同志都能说出很多。他用自己的一生，为我们诠释了一位优秀共产党员、优秀领导干部对党的无限忠诚！

作者曾任上海国际集团有限公司党委副书记、董事

约法三章

施金根

3年前送别老罗，痛惜不已，夜不能寐。往事如潮涌来，如在昨日。

从1995年到1999年，我为老罗做了5年秘书。那些与他朝夕相处的日子，他语重心长的教诲，他高尚优秀的品质，都给我留下了刻骨铭心的记忆。

最难忘20多年前当部长秘书的第一天。老罗交给我的第一个任务，是让我从文件柜中找出一份中央文件，然后坐在他身边，与他一起学习。这是一份中央纪委关于党政机关领导干部廉洁自律的"五项规定"文件。老罗带着我，一条一条、逐句逐条地念。读完全文，部长便开门见山、学以致用地与我"约法三章"了。他用温和而坚决的语气说："金根，从今天开始，你就在我这儿做秘书了。有一条很重要，从一开始，我就要讲清楚——你这个秘书，是工作秘书，不是我个人的生活秘书。工作上的事，你帮助我，我们一起对党负责。除此之外，凡是我家的私事，不管是什么事，不管是什么人要你做，请你一概拒绝。"

部长这番话，与社会上风传的"一个秘书，半个儿子"的说法，完全相反！当时刚30岁出头、涉世不深的我，瞪大眼睛、似懂非懂地听完了部长的这番话。

后来与老罗在一起的 5 年，让我对部长的这个"约法三章"有了愈来愈清晰的认识。老罗帮我扣准的这一为人、做事的"第一粒扣子"，让我受益终身。什么叫公私分明、克己奉公，什么叫不忘初心、清正廉洁；在有的人那里，这只是唱高调用的漂亮说辞，而在老罗这儿，却是他用一生不折不扣地践行的准则。

记得大约在 1999 年，老罗的女儿罗莹大学毕业要找工作了。当时有不少热心的同志看到部长没日没夜地忙公事，根本无暇顾及女儿私事，都想替部长分点儿忧，就向老罗建议，让他们来替小罗做个"就业指导"，但全被部长一一谢绝了。也许是说客多了，老罗就要我帮他找一些刊登招聘信息的报纸来，给小罗作参考。我找来了不少这样的报纸，但怕这些招聘广告中有"水分"，就想打电话了解一下招聘单位的具体情况，却也被老罗阻止了。他说："这些事全部应该让罗莹自己去做，别人家的孩子都能自己投简历、自己上门一家家去找，我的孩子有什么理由说不行呢？我相信她一定也行。"就这样，小罗拿着报上登的招聘广告，自己去一家家投简历，敲开了面试应聘的大门。最后，她被一家民营企业录用了，听说收入不高，离家比较远，上班也不方便。

我常惦记着小罗，但也很无奈，此事我不敢违反部长的"约法三章"。老罗从来不让我们这些当秘书的管他家事，不让上门，更不让我们有机会与他家人联络。

20 多年过去了，这次因去医院看望抢救中的老罗，我遇见他家人，问起罗莹近况，才知道她还在那家民营企业，拿着紧巴巴的工资，老老实实地干了 20 多年！同事们不知道她的老爸究竟是谁，她也不觉得自己这个市委领导的女儿有什么与别人不同的地方，因为她的老爸一直以来对她的教育就是要自食其力，不怕吃苦，做一个对社会、对国家有益的劳动者。

这就是老罗清廉的家教、家风。

老罗廉洁自律的故事太多了。我们这些工作在他身边的人，每个人都可以随口说出很多，举不胜举。

政声人去后。老罗的口碑，在老百姓心中自有一杆分量很重很重的秤。我夫人多次对我说："金根，你给老罗做秘书，我从心底里高兴！"我问她为什么，她说："我们老百姓都知道，罗部长是一个清官、好官。跟着他，你的路子正；你这个秘书，一定不会犯错误。"

老罗的音容笑貌常浮现在眼前，我没齿难忘。

作者曾任罗世谦的秘书

罗世谦的高风亮节

桂悦仁

我的老领导、老朋友罗世谦不幸逝世，我不胜悲痛。我翻阅了他给我的短信和微信，感慨万千。我所住的小区有人感染新冠病毒的消息传出后，他立即给我打电话问候；他去奉贤视察回来后特地发微信转告区委领导对我的问候；他在吴兴路办公室里特地挑了一大堆书籍和纪念品送给我……一桩桩，一件件，好像就在我眼前。我过去写过一文《罗世谦和〈组织人事报〉》，从一个侧面反映了罗世谦的高风亮节，抄录如下，以示怀念。

胸中有报

1987 年 4 月罗世谦到组织部时，《组织人事报》（原为《组织人事信息报》）已经两岁半了，进入了开创发展期。尽管他当时不分管《组织人事报》，但本报在他心中已占有了相当重的位置。1987 年 7 月 17 日，复旦大学召开总经济师岗位培训授证大会，因他分管干部教育，学校邀请他参加并讲话。他也让我参加了。为在这次大会上讲话，他事先做了调查，听取了不少同志的意见，因此他的讲话既有深度，又有力度，受到与会者的一致好评。上海总经济师联谊会领导和复旦大学的教师都对我说，罗世谦的讲话站在干部教育的高度，阐述了总经济师的作用和地位以及培训的重要性。会后，他特地谦虚地征求我对他讲话的意见。我坦诚地反映了与会者的评价，并表示《组织人事报》今后一定要加强这方面的宣传报道。这是他到组织部后我第一次与他面对面接触，感受到了他以行动表示意向的风范。

半年后的1988年3月4日，罗世谦又让我和干教处处长等同志一起去四川成都参加全国干部培训教材研讨会。这是一次时间长达一周的接触，我更深刻地体会到了《组织人事报》在他心中的位置。会议间隙，3月8日，他要我和他一起去拜访四川省委组织部部长。开始我不解，拜访部长为什么要我去？后来才醒悟，原来这位组织部部长曾是《甘肃日报》的总编辑。因此，他们交流组织工作之余，还谈到了《组织人事报》。内行谈本报，句句讲到要害处。四川的部长对本报既有表扬又有批评，还谈了办报人之艰辛与快乐，让我获益匪浅。我想，《组织人事报》在甘肃发行量较大，我应该利用这个机会，好好听取他们的意见，把报纸办得更好。在部长的支持下，3月11日，我访问了四川省委组织部研究室。研究室的领导做了充分准备，从办报方针到具体栏目都提出了宝贵意见，我收获良多。

以严相求

1991年老罗担任组织部部长后，继承了老部长赵启正的优良传统，不仅仅把组织部工作的重点放在抓"人头"、配备好干部上，还重视党员、干部的思想教育，尤其是把提高广大组织工作干部的政治水平和业务水平作为组织部的重要工作。《组织人事报》应是这方面工作的重要助手。因此，他也把办好《组织人事报》作为他工作的一部分。从报社的领导班子配备、编辑记者的培养、宣传报道方针的制定，乃至编辑出版和经营管理，他总以严要求、高标准随时检查，有了成绩赞扬鼓励，出了差错批评帮助。报社的重大活动，如报庆、征文、研讨等，他总千方百计参加；实在无法参加，总会来电致意。1994 年 10 月，本报举行报庆 10 周年大会，邀请了中央组织部、有关省委组织部、本市有关委办局和新闻界领导参加。会议取得成功，获得一致好评。当时罗世谦在中央党校学习，听取分管部领导汇报后，特地从北京打电话向我表示祝贺。

言传身教

当然，对报社工作中的问题和缺点，罗世谦会毫不留情地批评指正。他的批评，从不居高临下、声色俱厉，但柔中有刚、决不含糊。一次，我们组织报社全体员工去川沙县参观张闻天故居，接受革命传统教育，并在当地用了午餐。下午，罗世谦打电话要我活动结束后去他办公室，我不知道是什么事。当我到高安路 19 号大院时，他站在大楼门口等我。我一看，坏了，有大事。我还未开口，他便问："你们在川沙吃中饭，是自己付的钱？"

"对。"

"好！没事，我问问。"

啊，原来是这事。我心里有点嘀咕。后来有人告诉我，有人举报说我们在当地打秋风。举报者无事生非。但后来一想，这也是对我们的监督，心也就平了。

在廉洁问题上，罗世谦从来不马虎，常常给我们"敲木鱼"。报社是事业单位，比其他处室更活络一点，不仅有刊发稿件的决定权、人员进出的掌控权，还有经营管理和财务开支的审批权；1994 年后办了几个经济实体，经济情况更好了。在这种情况下，他要求我严格管理，堵塞漏洞，防止出格，要依法规行事，严格执行财务制度。他对经济实体的运作十分关注，我们的简报每期必看，以及时指正；看到我们经济实体奖惩制度中有关奖金提成比例的内容时，再三关照我：不能太高，要以精神鼓励为主。正因为老罗的严格要求，报纸的经济实体经营良好，经过严格审计，均合法合规，并为社会做出了贡献，1995 年上海党建书店还获全国报业系统经营管理的先进单位称号，这与罗世谦的指导是分不开的。

老罗对别人要求严，对自己更严。报社的几次征文，包括《我入党的时候》《入党以后》《在党旗下》《开拓者之歌》等，他或担任评委，或担任评委主任、副主任。他利用休息时间审读稿件，而且十分认真仔细，在每篇稿件上打上等级，画上各种符号，付出了辛勤劳动。根据规定，评审结束，我们给每位评委准备了一笔审稿费，但每次他都坚辞不受。

1994 年我写过一首诗，抄以念之：

绵绵细雨净君身，

缕缕清风掸细尘。

要问清官何处有？

高安路上觅斯人。

作者曾任《组织人事报》总编辑

真实·真心·真情

陆蕾梦

　　追忆老部长罗世谦生前的点点滴滴，常让我感动敬佩。尤其是他对我女儿的亲切关爱、帮助和鼓励，让我们一家人永远记在心中。

　　以前每逢轮到我周末在单位值班，总能看到罗部长穿着布鞋、手里拿着中药罐来到部长办公室工作。他或约基层干部谈话，或批阅文件，周末不休息已是他的常态。那时我女儿楚楚很小，我值班时常带着她。罗部长喜欢孩子，看到楚楚很高兴，会从抽屉里拿出葡萄干、巧克力什么的给她吃，还亲切地问长问短。有一次报纸上刊登了刚入小学的楚楚捡到两万元人民币交给执勤民警的消息，他知道后非常高兴，特意过来表扬了楚楚，并鼓励她长大要做有用的人。

罗世谦（左三）看完话剧《自梳女》，与作者女儿（左二）合影

楚楚长大了，从上海戏剧学院导演系毕业后开始自己创业，从事自己热爱的编剧导演工作，创作导演了她的第一部话剧《自梳女》。他得知以前的"小不点"居然自己编剧导演了话剧，非常高兴，和宣传部尹副部长亲临话剧艺术中心观看，还和楚楚一起拍照留念。更没想到第二天一早老部长就打电话给我，说他看了此剧很高兴，想了很多，晚上都没睡好；说孩子很有思想和创作灵感，要好好爱护她，她这个年纪是创业出成果的黄金时期，无论遇到什么困难你都要鼓励她坚持下去。电话里老部长叮嘱了我很多……在这之后，他一直关心着楚楚的创作和创业，有时我在朋友圈发有关楚楚的信息，他还来点赞评论。

这次听到罗伯伯不幸逝世的消息，楚楚非常惊诧难过，这么好的罗伯伯怎么可以就这么离开了我们！楚楚发微信写道："我从小就对罗伯伯充满了敬重和爱戴，我的处女作首演时，他对我说'一定要坚持'，这句话我一直一直记在心中，要做一名合格的创作者，永不辜负初心，无论是过去、现在，还是将来。"女儿一直记着罗伯伯的话，多年来她创作的脚步从来没有停歇过。

我深深感受到老部长对人的关心不是停留在表面上的，而是真实自然、用心用情的。共产党的好作风好传统，就是像他这样的共产党人用赤诚奉献的生命实践出来的，并昭示世人、点亮后人。

他作为市委高层领导，虽然位高权重，却低调、朴素、自律，没有一点高官的架子，对同志、对下属都爱护有加。1998年，我和研究室主任陪同老部长去走访援藏干部，回来的路上他对我们说："今天我有时间，正好也去你们家看看吧。"我家在老公房的6楼，没有电梯，我又毫无准备，真的不好意思让领导上门。但老部长说："不需要准备的，就认个门吧。"就这样，他一口气爬上6楼……那天天气很热，家里连冷饮都没有。他作为高层领导如此亲民，让我感觉很温暖，这成为我一段弥足珍贵的记忆。

2001年4月8日，罗世谦看望体检的援藏干部

记得我以前到基层调研，常常可以听到基层干部对老部长的高度评价。一次我去浦东新区调研党建工作，基层领导干部说起老部长，动情动容，啧啧称赞。他们说："你们的罗部长对党忠诚，情操高尚，严以律己。有一个细节让我们很感动，一次罗部长来浦东新区视察工作，我们和他一起走在路上。突然，他弯下腰把地上的一张纸片捡起来扔进路边的垃圾箱，他这么个大官一点不讲领导派头。"诚然，往往细微之处更能见真情、见品行、见作风、见精神。

老部长仙逝后，我和家人捧着鲜花到福寿园墓地去祭拜他，找了许久，好不容易才从众多坟墓中找到他的墓，不禁感慨万分：他的墓如此低调、简单、谦逊，置身在平民百姓中，一如他平时的为人。

老部长虽然离开了我们，但他的高风亮节熠熠生辉，他真实真心真情的作风折射出一个党的领导干部的情怀和光芒。

作者曾任中共上海市委组织部巡视机构正处级巡视专员

几枚回形针

叶露霞

　　有一天早晨，我在办公室扫地，罗部长走过就进来与我聊了起来，他突然发现我扫出来的灰尘里有几枚回形针，俯身就把它们捡了起来，放在桌上。我忙道不好意思，罗部长说没事。

　　罗部长在任时，组织部干部晋升都比较慢，难免有人会抱怨。罗部长在会上会不时地讲："要耐得住寂寞，守得住清贫。"后来，组织部的许多干部出去了，去各种岗位的都有，出事的几乎没有。想想这也是罗部长多年来的教育所致吧。

2002 年 2 月，罗世谦在上海市委组织部新春联欢会上

罗部长从不收礼品，收了也上交机关党委。组织部的领导都是这样。年底组织部联欢，不少同志在抽奖中得到一份礼品。有个同志拿到一个玻璃制品，是一只手托着个玻璃地球。别的同志看到了说，这是《支部生活》复刊纪念会发的，他也拿到一个。经了解，这是罗部长带头上交的礼品之一。这么小的一个礼品，罗部长也上交了，真可谓一尘不染。

作者曾任中共上海市委组织部组织处调研员

他为信仰活着

祝颙

罗世谦同志离开我们快 3 年了。他的微笑时常在眼前浮现，让我倍加留恋与他一起工作的日子。

20 世纪 80 年代后期，我参加了市委组织部在上海展览中心举办的活动。当时，我正与《组织人事报》的同志聊天，见一位中年男子款款走来。他身着浅棕色风衣，微笑地与报社的同志打着招呼，还点头向我示意。他儒雅不失干练，谦和不失端庄，让我耳目一新。报社的同志告诉我，他叫罗世谦，是新来的副部长，分管报社工作。

几年后，我参加《组织人事报》招考，成为报社的一员。进报社不久后的一天，我正在食堂吃午饭，报社的同志找到我，让我赶紧回去，说罗部长要见见新来的同志。我赶回办公室，见老罗站在中央，正与大家谈笑风生。他热情地同我们握手，微笑着说："部里有新来的同志，我总会找他们谈话的，这几天实在太忙，抽不出时间，只能利用吃饭的时间和大家认识一下。"言语间满是歉意。

刚到报社时，我不太适应新工作，渐生焦虑，萌发重回原单位的念头。然而，我不舍组织部的工作氛围，便给老罗写信倾吐。当天晚上，老罗打电话到我家，说信已收到，问我是否还需要谈谈。我压根没想到老罗会亲自给我回应，更想不到还有机会与他面谈。一激动，我脱口说需要谈谈。电话那头停顿片刻，随即，老罗就与我约定了时间。现在想来，我为自己的不懂事，为给老罗添麻烦而惭愧。

第二天是周末，老罗没休息。见面后，他先问了我原单位的一些情况，随后，由我一个人一个劲儿地说。老罗静静地听着，始终微笑地看着我，让我越加放松。等我说完，老罗给我加了茶水，说道："你讲得很多，也很好。你是个理想主义者。我们要有理想，但不能过于理想主义。"随后，老罗讲了部里对报社工作的支持和要求，让我安心工作一段时间再说。他的那句"部里会对每个同志负责的"让我释怀了，有一种被重视、被认可的满足感。道别老罗，细想他的每句话，我突然醒悟。老罗在批评我的书生气，批评我缺乏韧劲。他的那种面带微笑的批评和语重心长的提醒，让我心悦诚服。30多年后，我临近退休，在与新入职的年轻干部座谈时讲到这件往事。怀着对老罗的思念，我说道："领导的表扬固然很重要。但是，领导的批评可以让我们受益终生。"正是老罗的批评和提醒，让我踏踏实实地度过职业生涯而无憾。所以，当我发现一些领导干部吝于当面批评下属，或动辄训斥人时，便庆幸此生遇到老罗。退休后，我一直想去看望老罗，可久拖不决，铸成终生遗憾。

1998年秋天，中央组织部的赵宗鼐部长来上海调研。我陪同他做一些联络工作。这天傍晚，老罗去看望赵部长。小车刚驶出机关大门，老罗就指着路边说："那是我女儿，放学啦。"路边走着一位女学生，短发齐耳，衣着得体，挎着书包，目不斜视。我对老罗说，正好顺路，捎她一段吧。老罗摆摆手，微微一笑说："她从来不坐我的车。"在老罗追随女儿的目光里，我看到了慈祥和怜爱，还有无尽的期待。那一刻，我心中的老罗更加纯粹、完美了。每每想到这些，我都为老罗的早早离去而心痛。

老罗见到赵部长后，听说他第二天要去浦东，就介绍了浦东开发开放的过程，说起了建设南浦大桥的故事。南浦大桥是上海的第一座跨黄浦江大桥。市委要求建设工程成为范本，为以后的黄浦江建桥做示范。为此，市委领导指名让上海的一位著名桥梁专家当总指挥，搭班子，带队伍。老罗告诉赵部长，组织部门了解到，这位专家业务能力非常强，个性也很强，为了保证工程建设的顺利推进，组织部就设法为南浦大桥的建设团队挑选党委书记，帮助这位专家带队伍。当时，赵部长插话说，这样的书记不太容易找。老罗微微一笑，告诉赵部长，部里找到了一位书记，同那位专家配合默契。他们不仅建成了南浦大桥，形成了一套管理体系，还带出了一批人。赵部长听完这个故事，眼睛一亮，说组织部功不可没。在随后的调研中，赵部长多次提及此事，兴奋之情溢于言表。

赵部长返京后，我向老罗汇报调研情况，特意提到赵部长对组织部工作的充分肯定。老罗听我说完，又微微一笑，一言不发。而我却在老罗的眼里，看到了一种他特有的眼神。

直至老罗离我们而去，我才明白他眼神里的，是发自内心的信念，这支撑了他的一生。正是这眼神，让我仰视老罗。他由衷流露的自信的微笑感染着身边的人。

曾有"是非审之于己，毁誉听之于人，得失安之于数"一说，我认为老罗就是这样的高人。随着时间推移，我发现老罗早已脱俗，几近不再关注是非、毁誉和得失。他为信仰活着，活着更坚定了他的信仰。这样的人值得每一个人仰视。在仰视中，我们才有可能像他那样自信、自觉、自在。

愿后人都如罗世谦！

作者曾任中国浦东干部学院机关纪委副书记

几件小事

张克文

有一次，副部长找我们几个商量事情，这时罗世谦部长进来了，问副部长一件事。副部长正在兴头上，就对罗部长说："等一会儿我来告诉你。"罗部长微笑着退了出去，还向我们打招呼，说打扰了。那时我刚来组织部不久，没想到罗部长是这样的好脾气。

周日，我在部里值班，经常看到领导干部一个接着一个去罗部长办公室谈话。谈完一个，罗部长总是把他送到电梯口，接着又谈第二个，一个上午要谈好几个。后来听周鹤龄副部长说，罗部长虽忙，却花很多时间与干部谈心，不只是任免谈话。所以时任市委书记黄菊当时说上海干部心齐、气顺、劲足，与罗部长长期大面积的谈心沟通是大有关系的。又有一次我在部里值班，有领导干部找罗部长，我敲他门，他不开。后来他过来了，说："抱歉，今天下大雨涨大水，我骑自行车上班，裤子全湿了，刚才在换长裤。"

退休后有一次我与周部长谈起一位领导干部的传闻，周部长笑着说："罗部长退休时对我说，鹤龄，干部工作的事我们就烂在肚子里了。"可见，罗部长直到退休最关心的还是保护干部。

作者曾任上海市党建研究会专职副秘书长

一只旧木柜

陈见光

　　2007年市委换届后，罗世谦同志从市委副书记的领导岗位上退了下来。大概在2008年，按照规定，罗世谦同志将从小院子搬到建国西路的家庭住宅去居住。搬家前的一天，管理科科长找到时任行政处处长的我，说："罗书记这次搬家想带走一个家中在用的旧柜子。"我说："可以呀，反正领导搬走后旧家具有些会闲置在仓库里。"科长说："罗书记一定要付钱。"我问："那柜子是什么好木料吗？"科长说："就是普通的木头柜子。罗书记说，正好还能用，不想去买新的了。但你们如不收钱，那就不带走了。"听说罗书记态度这样坚决，我平添了一份崇敬。一只旧木柜，体现了罗书记心中的公与私分得是如此清晰！为了让他安心带走这个旧柜子，我便让科长按旧家具的价格收下罗书记的"柜子费"，并转交给财务科入了账。

作者曾任中共上海市委办公厅副巡视员

平凡深处见党性 *

道良德

在市级机关，不论是担任要职的领导干部还是普通工作人员，见到市委副书记罗世谦同志，都亲切自然地叫他老罗。大家熟悉的老罗，给同志们的印象总是那样的平常、谦和；但在工作、学习上和老罗有近距离接触的同志，又普遍认为老罗是一个对工作学习极其认真负责、一丝不苟的领导同志。"平凡深处见党性"，这是他所在党支部的同志的切身感受。

"叫我老罗就行，不要叫我罗书记。"不论是在市委组织系统，还是在市纪委系统等市委机关，大家都知道罗世谦同志是党内互称同志的积极倡导者。在支部组织生活中，除了几位离休的老同志自然地称他老罗外，支部在职的年轻同志还是叫他罗书记，总认为不论从资历上、职务的悬殊上，还是从对他发自内心的尊重上，称其老罗或直呼其名总有些难以启齿。因此，在一次组织生活中，老罗就从自己在组织部工作时，如何提倡党内互称同志的做法谈体会，结合市委关于党内要发扬互称同志的精神谈认识。他说，党内互称同志不只是一个称呼上的形式，更有助于在党内树立正确的权力观、地位观、利益观，说到底是共产党人实践"三个代表"的具体

---

　　* 此文系道良德在罗世谦担任上海市委副书记时所写。罗世谦得知后，特意批示："首先，我没做得那么好；其次，写这类文章本就不妥。我更坚决反对表扬我。"

98

体现之一。在老罗的启发、引导下，一个"同志"称呼的学习讨论，成了一次生动的党性教育活动。此后，大家也就自然地叫他"老罗"了。

老罗建议支部把学习党的理论与专题调研结合起来。于是，支部安排与嘉定区太平村基层党组织共同过一次组织生活。在那次组织生活中，作为市先进基层党组织的太平村党总支，介绍了在学习贯彻"三个代表"重要思想的同时，如何在农业农村经济结构调整中深化"五好"村党支部创建工作经验。在学习讨论中，老罗亲切地与村领导根据村现有人口、外来人员，现有党员、流动党员，村经济状况、村民收入等一些具体情况，一笔一笔算起了细账。在谈到基层党组织建设时，老罗强调要注重在青年群体包括外来优秀青年中发展党员。会后，虽然下着倾盆大雨，但老罗还是建议去村里看望村民。这次去基层，提高了大家对加强农村基层党建的认识，加深了大家对党的理论的理解，大家也从老罗身上学到了我们党的领导干部的优良作风。在返回的路上，老罗语重心长地对年轻同志说："要多到下面去，可以学到许多东西，这对我们做好工作会有很大帮助。"

老罗所在的党支部，支部成员多数是在职的中青年同志和离退休的老同志。在支部中，老罗尊重老同志，关心爱护年轻同志，大家对他既尊敬又亲近。在组织生活中，老罗每次都只以一个普通党员的身份与大家一起围绕主题学习讨论，并结合当前的形势任务谈思想、谈认识，同时还积极主动地听取老同志的建议和意见。他还结合自己的经历和成长过程，与年轻同志谈人生观、价值观，谈党的教育培养，谈对老同志的关心帮助。他常对年轻同志说："老同志身上有许多好传统、好经验，很值得我们学习。"支部在老罗的影响带动下，形成了尊重老同志和新老同志相互学习的好风气。

平凡中见党性，日常中见精神。老罗对年轻同志的教育往往体现在一些看似是小事但意义很大的事上，他身教重于言教。每次组织生活，老罗总是准时参加，除有要务外，日程都由支部安排。交纳党费看似是一件小事，但老罗每月5日总是按时把党费交到支部，如遇出访等特殊情况则提前交纳。

大家深切地感受到，老罗作为市委领导干部，在党性修养方面既继承了我们党的优良传统，同时也展现出与时俱进的精神风采，为广大党员特别是年轻党员从日常平凡小事中自觉增强党性锻炼树立了榜样。

作者曾任中共上海市委研究室调研处正处级调研员

无言的榜样

顾国林

人们都盛赞老罗。虽然我到不了他那高尚的境界，但我会一直努力以他为榜样。

一滴水可以折射出太阳的光辉。我先说两件让我印象深刻的小事。

以前在食堂用餐时，我遇到合胃口的菜，会多买几个；有时吃不完，就倒掉了。老罗时常会同大家坐在一起用餐，见他菜总是买得比较少，大家会建议老罗多买一点。老罗就会笑吟吟地说："不够再买。"他每次用完餐，碗里总是一粒米饭都不剩。老罗的"光盘"用餐行为，无声地教育着我们：这绝不是花自己的钱就可以浪费的小事。渐渐地，我也养成了吃多少买多少的习惯。

老罗经常会来到我们的办公室商谈工作。我的办公室在二楼，光线比较暗，白天也需要开着灯。有时我出门办事，离开办公室一会儿，回来时常常感觉很奇怪：出门时开着的灯，怎么回来就关了？这样的情况发生了好几次。一天，老罗进来，我说起自己的纳闷，他依然笑吟吟地说："国林，是我把灯关掉了哦。"我顿悟：关灯事小，浪费可不是小事啊！从那以后，我只要离开办公室，就一定会关灯。

老罗就是这样身体力行地践行着党的勤俭节约、艰苦奋斗的优良传统。他没有用空泛的说教批评我们，而是以自觉自律的行为，潜移默化地感染教育着我们。

　　起初，我被调到纪委工作时颇有些顾虑，担心自己长期搞行政和经济工作，到纪委会不适应。老罗细心地开导我："国林，大机关不能缺了党建工作，机关党建工作不能缺了思想政治工作，要把这支队伍带好，我们责任重大啊！"

　　我在跟随他看望走访老干部、老同志，以及班子成员、机关干部中，看到了他做思想政治工作的好方法，更感悟到他平易近人、关心他人的精神。每次看望走访，老罗从不是礼节性地蜻蜓点水，而是坐下来认真听、细心问，发现谁有思想疙瘩，他就悉心开导、耐心纾解；看到谁家有实际困难，他都默默地记在心里，回头想方设法帮助解忧。受到帮助的同志们都知道，把内心的感激倾注在工作上、倾注在对党的事业忠诚上、倾注在坚守做人准则上，是老罗对大家的期望。

　　老罗是实事求是、求真务实的典范。在我们纪检监察部门，工作要非常严谨，他常常亲力亲为——必须要掌握第一手资料，必须要了解真实情况。他的工作时间总是排得很满，他就利用双休日或者晚上的时间找干部们谈心谈话。按照现在的说法，就是拉拉袖子、咬咬耳朵，及时提个醒。他跟人谈心谈话，从不摆出一副居高临下、"我讲你听"的架势，而是寓教育于工作和生活之中，润物细无声。我还在崇明县（今崇明区）当县长的时候，有天他打电话给我："国林，你星期六有空吗？"我以为有什么紧急的事，结果那天在他办公室，他并没叫我汇报工作，而是和我拉起了家常，还介绍他女儿怎么样、爱人怎么样、他怎么样。一个高级领导干部，那么坦诚地和我谈心，一下子拉近了我们之间的心理距离，我感到十分亲切，更有一股力量鞭策着自己：要学着这样了解干部、做人的思想工作。

老罗非常平易近人，他视察走访过一个地方，一定会记住这个地方干部的名字；下回见到了，一定会亲切地问候。在机关，不管是保洁员还是门卫，他都真诚相待，和蔼可亲地主动问候。有次他对我说："国林，你给我弄个小名册。"我就把干部名册给了他。他翻看了一下，问我："你有没有机关勤杂人员的名单？"我奇怪地问："你要这个干吗？"他说："我星期天来机关时，门卫在，保洁员在，我要叫得出他们的名字，谢谢他们！"

双休日加班，他基本不用公车，也不叫秘书随同，自己一个人走着就来了。平时下基层调研，他总会带上几个年轻干部，让他们熟悉了解基层；他总是习惯坐在司机旁边的座位，便于折着身子和大家讨论调研工作情况。有时基层同志帮忙打开后排车门，却只见下来的是小姑娘、小伙子。

老罗特别注重培养年轻干部，对他们总是全方位地关心爱护。当年机关新进一批大学生，都是从家门到校门再到机关门的"三门生"，对基层情况不熟悉。为了让年轻干部快速成长，老罗精心谋划培养方向，做各分管领导工作，让新进大学生下沉到街道工作一整年。为了让大多数来自外地的年轻干部有更多的精力和时间投身基层、相互交流，老罗还督促解决他们集中住宿的问题，经过干部室积极协调，租用了上海电缆厂职工宿舍。这一年，老罗还经常关心年轻干部的工作、学习和生活情况。

他经常提醒我们：纪委的干部一定要讲正气。纪委是抓作风的地方，干部自身作风要是不正，怎么抓别人？怎么培养好作风呢？在老罗的关心和指导下，那些历经摔打的年轻干部，在基层锤炼出了良好的思想作风、工作作风，如今都走上了纪委的重要岗位。

老罗担任上海市老干部大学校长时，善于倾听各方面的意见和建议，在提高办学和服务质量上倾注了大量心血。我 2018 年退休以后，到老干部大学报了一个手机班，班上学员年龄最大的已经 80 多岁了。每次一上完课，他就会来到教室看望大家，关切地询问："老师讲课是否适应老同志？"还让我说说教学情况与改进建议。他并不在大学就餐，我们常常一起走回去，边走边聊老干部大学的教学与服务怎样能更好地满足老同志的需求。

老罗是廉洁清正的楷模。他从不接受任何礼品，有时出于礼节不得不收下的礼品，他都会交给市委办公厅登记处理，或由干部室用于慰问老干部。在经济和社会工作交往过程中，我们会面对各种各样的诱惑，抵御这些诱惑，要靠修行。怎么修行？身边就有老罗这么好的榜样，时时刻刻在无形中提醒着我。

最好的教育来自我们身边的人、最真实的人。在长期和老罗共事的同志们看来，他就是一个真实的人、真诚的人，是一名真正的共产党员。他悄无声息地进入我们的心灵，我们应该经常怀念他，永远向他学习！

作者曾任中共上海市纪委副书记

他办公室的门总是开着

赵增辉

那是个雨夜，晚上 7 点左右，我刚走出交通大学地铁站，手机响了，一看来电：罗。电话那头响起了那个熟悉的声音，地道的北京口音，但带着南方人的柔性。我下意识地说："罗书记。"他照例回了一声："老罗。"其实，称一声罗书记，没有丝毫恭维，但他每次都会淡淡地但坚定地纠正——老罗。电话里他说，我对《上海市老干部大学校志》提的一些修改意见，今天讨论了，有的吸收了，有的没有改；为什么没有改，他娓娓道来，讲得很仔细。我们简单说了几句，因为在路上，也没有多聊。谁知，这竟是我们的最后一次交谈。两天以后，不幸的消息传来，谁都不愿相信！

罗书记刚到市纪委时，我们并不熟。那时我在纪委工作也有 10 多年了，有了流动一下的意愿。他当时说："我刚来，过一段时间再说吧。"没多久，他到了我家，找我夫人聊天，谈得很诚恳。他走后，我夫人说："这是位好人，你留下吧。"

罗书记原则性强，对机关对同志要求严，哪怕是一些小问题他都绝不放过。有一年圣诞节前，有单位送来了一些圣诞花摆放在大楼楼梯间，他发现后，非常严肃地要求全部退回。有时候他发现机关同志打电话态度不好，也会提出很严厉的批评。但在另一方面，他又是一个能让人觉得暖到心里的长者。他的办公室，只要没有人

105

和他谈事，门总是开着的，意味着任何人都可以不通过秘书，直接进去找他。在机关大楼里，他做得最多的一件事就是串门，经常到各个办公室走动，和大家聊天，聊家长里短。不到一年的时间，他就几乎能叫出机关所有同志的名字，包括后勤人员。其实，罗书记的这种记忆力是他通过多年的组织工作炼成的。他随身的一个小包里，永远会放着机关的名册，随看随记。他对大家的关心不仅是在记名字上，同志们家里的大小困难，他都会有办法知道。只要是他能够帮的，他一定会帮，绝不会敷衍，有时候帮助了同志，还不让本人知道。机关不少人都得到过他的帮助，让人终生难忘。在市老干部大学，罗书记作为校长，做得最多的是为教学工作和学员服务。学校各个部门有些活动需要他参加，他从不推辞，他说："参加就是

2019 年 3 月，罗世谦在上海市老干部
大学三八妇女节活动上制作香包

为了支持。"他经常会去看望各个班级的学员，特别是对那些高龄学员和有伤病的学员，他更是关心，不仅帮着解决实际困难，甚至随身带着学员需要的急救药。他带头参加学习，还下沉到班级听课，了解课堂教学情况和学员的反映。在老干部大学，他是一位校长，更是一位受人尊重的老友。

他是一位高官，但又最不像官。他衣着朴素，只要没有重大活动，一年四季都穿一双旅游鞋；在职时，节假日来机关上班就骑自行车，到老干部大学后，上下班都是自行车。他公私分明，从不占用公家资源来为自己服务。大家都说，世谦同志的自律近乎苛刻。但他又是一位有生活情趣的人，有很好的朗诵天赋，普通话标准，声音又很好听。后来虽然离开了市纪委，但每年市纪委的离退休干部联欢会，他从不缺席，而且每次都会从口袋里掏出一张纸片，带来他的朗诵节目，有时充满深情，有时又妙趣横生。

不知怎么，我想起了徐志摩的那首诗："悄悄的我走了，正如我悄悄的来；我挥一挥衣袖，不带走一片云彩。"由他诵读，一定很好听。

作者曾任中共上海市纪委常委

老罗，您是否感到足矣？

洪梅芬

老罗走了！那两个月，我多么希望他能够醒来，祈祷能够出现奇迹……然而等来的却是噩耗。快3年了，他的音容笑貌还常萦绕于心，往事挥之不去。

认识罗世谦同志，是在他任市委组织部部长时。作为党报联系市委组织部的记者，我在组织部常享有"自家人"的待遇。记得当年赵启正部长就关照过他的下属："小洪是自家人……"到了罗部长任上，此待遇不变，他常关心地问我："有什么困难吗？"自从第一次见面起，我就称呼他为"罗部长"。2001年4月，罗部长又多了一个职务，为中共上海市委副书记。一次去市里开会见到罗部长走来，我习惯性地叫了声"罗部长"，身边办公厅的一位同志提示说："该改口叫罗书记啦！"我顿时有点尴尬："我也知道，但已习惯叫罗部长了啊！"这时罗部长微笑着说："没关系的。我有一个好建议，以后不要叫部长，也不要叫书记，就称呼我老罗吧！这样，今后不管怎么变，称呼可以始终不变。"次日一早，我跟随市领导出去调研，在康平路市委办公厅又见到了罗世谦同志，正当我要开口的瞬间，他先叫了我一声"小洪"，我仿佛受到了暗示，便叫了声"老罗"。"对，老罗！"他鼓励我。就这样，后来我一直称呼罗书记为"老罗"。

记不清是哪一年的市里开两会，我前一天为赶稿，回到家时已

108

是凌晨，一觉醒来时间已过7点半，来不及用早餐，急急忙忙往上海展览中心赶。那天上午是人大分组讨论，我负责采访老罗参加的组。到了会场，迟到的我悄悄找了个位置坐下。还没等我喘过气来，有人告诉我：罗书记的讲话已经结束了。"啊⋯⋯"正当我不知所措时，只见老罗起身走出会场，他的秘书孟文海示意我出去一下。刚出会场，老罗马上安慰我："小洪，别着急，我知道你们工作很紧张。因为马上要去处理一件要紧的事，所以讲话提前了。"随后他就把刚才讲话的主要内容非常清楚地复述了一遍，并说："有什么问题可以随时联系小孟。"此时的我心里温暖又感动，目送他远去的背影，庆幸自己遇到了一个如此善解人意的好领导。

在市委组织部，传颂着许多老罗严于律己、克己奉公的故事。有一次，我在长宁区的一家医院排队就医，巧遇送家中老人就医的孟秘书，便不解地问："您这么忙，还排队⋯⋯"他笑着说："那当然，我们领导（指老罗）家里老人生病，都是自己踩'黄鱼车'（三轮板车）送去就医的。"

印象中，老罗下基层调研是最低调、最无作秀之意的，不仅随行的工作人员最少，而且也不会惊动下面的各级领导。2001年6月初的一天上午，我随老罗去曹杨新村街道调研党员服务中心。此时的他是中共上海市委副书记、市委组织部部长，我们来到位于棠浦路51号的社区服务中心时没有前呼后拥的人群，身边只有街道党工委有关负责人和党员服务中心负责人介绍情况。在门口，他仔细看了告示牌上"社区党建组织结构""接转党员组织关系""接管流动党员档案""提供党员教育培训服务"等服务项目。来到大厅设的专门接待窗口，他向工作人员详细询问了接待流程和遇到的情况。记得他最关心的是："流动党员会不会找上门来？""流动党员是不是真的感觉到中心办事很方便？"他还仔细询问了新设的社区党建办公室的主要职能等。

老罗告诉我，社会转型使越来越多的"单位人"向"社会人"转变，怎样使成为"社会人"的党员在社区及时找到"家"，是目前我们面临的新课题。他说："这个党员服务中心从今年3月运作下来，效果不错，当然还需要好好完善。我今天就是来看看，这样的做法是否可以在全市普遍推行，今后让每个社区都有这样专门服务党员的中心。"我问老罗，今天的调研活动是否要报道？他说："调研不用报道，曹杨新村创新党员服务中心的探索，如果你们报纸觉得好，可以报道一下。"于是，6月7日，《解放日报》头版刊发了我采写的消息《党员服务中心好》。就在这一年，市委组织部开始着手筹建以全新的、开放式的、社会化的党建工作平台为内涵的上海市党员服务中心。

2002年3月，市委副书记老罗兼任市纪委书记。一天，我去市纪委办公厅采访，结束时在过道上与办公厅的同志道别。突然身后传来老罗的声音，回头一看，老罗笑眯眯地站在办公室门口："听到你的声音，出来一看果然是你。"他热情地邀我去他办公室坐坐。他知道我长期联系市纪委，就与我聊起了上海反腐倡廉的一些工作。他说："你长期关注上海党建，其实党建不仅仅是组织部的工作，反腐倡廉也是党建的重要组成部分，你也可以关注。"我说："反腐败的案子不少，但新闻报道总是难以突破。"老罗微微点头说："这个可以再探索，总会有突破的。"他还说："反腐倡廉是一个大的系统工程，例如正在推进的反腐败的制度建设。市纪委不仅仅要办案，还要探索在市场经济条件下，如何在制度上构筑反腐、不腐的防线，这是一个新课题。"那天，我们谈了近一个小时。

最后一次见到老罗是 2019 年在青松城。课间休息时，我们分别从相邻的教室走出，在走廊相遇，就开心地聊了起来。他感谢我送去由上海老新闻工作者协会和上海市档案局（馆）共同采写编著的《上海改革开放 40 年——那些年，我们的故事》一书，还表扬我"不仅参与主编，还写了好多篇"。我说："发现什么问题没有？请您指正。"他说："没有没有，很好的。"我告诉他，上海老记协向上海市老干部大学赠送了 10 本。他高兴地说："好啊，这些都是老同志熟悉的历史，他们一定爱看。"他还问我在学什么，对教学有什么意见和建议，我说："青松城的学习条件太好了，惭愧的是，我不是好学生，因为要照顾家中老人经常请假。"他安慰说，照顾老人是要紧的事，这里上课是宽松的，能学多少就学多少，不要让学习成为负担。

老罗走了，一贯低调、从不张扬的他，那几天却成了"网红"。人们不管是认识的，还是陌生的，纷纷在网上由衷悼念，都说他是个好领导、好干部、好榜样、好人，都赞扬他清廉、律己、公正、慎行、平易近人。可见，一个真正的共产党干部，老百姓是看得见的。能够在身后成为一个被老百姓挂在嘴上叫好、放在心里挂念的干部，老罗，您是否也感到足矣？——"天地之间有杆秤，那秤砣就是老百姓。"

作者曾任解放日报高级记者、首席记者

"多做看得见、摸得着的实事"

王海兵

转眼间，罗世谦同志离开我们已近 3 年了。世谦同志在市委组织部任副部长和部长期间一直分管老干部工作，我在他的领导下从事老干部工作整整 13 年。他深情关怀老同志、重视指导老干部工作的点点滴滴，始终铭记在我的心里，至今历历在目。

"老干部工作来不得半点虚浮"

记得 1990 年 4 月，我被调到市委老干部局领导班子工作。那天，世谦同志带着我从高安路市委组织部步行去岳阳路市委老干部局到任。一路上，他对我说："你到老干部局工作，要按照市委、市政府要求，贯彻落实党的老干部政策，要多多熟悉老同志，多做看得见、摸得着的实事；老干部工作来不得半点虚浮，必须脚踏实地、真情实意，才能做好服务工作。"这几句话一直深深印在我的心里。现在回想起来，这既是领导对一名即将从事老干部工作的"新兵"的寄语与嘱托，同时也是他自己长期分管老干部工作所奉行的准则。

世谦同志对革命前辈充满深情。他一再强调，要做好老干部工作，首先心中要有老干部，要熟悉老干部，热爱老干部，切实了解老同志的所需所盼，着重解决老同志最迫切希望解决的问题。在世谦同志的指导下，我局总结全市开展老干部工作的经验，于 1998 年起草了《上海老干部工作领导责任制》，经市委组织部特别是世谦同志核阅，报请市委同意转发。这份文件成为上海做好老干部工作的制度保障，每年市委组织部和市委老干部局领导都会分组到基层调研检查这份文件的落实情况。世谦同志曾多次抽时间直接参加与老干部的座谈，听取意见和建议，为我们做出表率。多年来，上海老干部工作创造了不少具有自身特点的做法，得到中央组织部的充分肯定，这与世谦同志的精心指导是息息相关的。

世谦同志长期分管老干部工作，对老同志的情况了如指掌。有一次，他和我分别参加了中央组织部召开的会议，同住一个招待所。晚上，我到他房间汇报工作。他当即拿出笔记本电脑，给我展示了他收集整理的与全市老干部工作相关的材料和大量数据，让我深受感动和教育。记得有一年召开市老干部工作会议前，世谦同志来到我局，对我们参与报告起草的同志说："你们要把老同志的所思所想、所求所盼反映到领导的讲话中，变成指导基层工作的政策，推动老干部工作的深入。"他亲力亲为指导老干部工作，协助市委协调有关部门共同为老干部做了许多实实在在的事，桩桩件件都如在眼前。

"多做看得见、摸得着的实事"

20世纪90年代，中国社会处于由计划经济向社会主义市场经济转型的时期。当时，部分国企破产转制，企业老干部生活待遇的落实遇到了不少困难和问题。世谦同志和我们商量老干部工作时一再强调：要带着深厚感情去做老干部工作，要为老同志多做看得见、摸得着的实事。按照世谦同志的要求，我们不断梳理基层经验，推出解决实际问题的办法和方案，逐步形成一系列有上海特点的老干部基本政策落实机制。

首先我们了解到，部分特困企业的老干部离休金未能做到及时足额发放。一些大口党委对这部分老干部采取了上收到公司或集团的管理办法，但未能彻底解决问题。我们总结基层经验后提出，将全市企业老干部离休金全部上收到市里统筹解决。这一方案得到世谦同志的认可，向市委市政府汇报后，该方案获批实施。由此，上海成为全国率先实现所有老干部离休金都能按时足额发放的省市。

接着，困难企业离休干部医药费不能及时报销成为突出问题，我们也先后提出由上级公司、集团垫资，市里给予支持等办法。问题虽得到缓解，但没能彻底解决。后来世谦同志陪同市委分管领导前来调研，商定将离休干部医药费纳入医保，由财政予以补贴，问题才得以解决。至此，困扰老干部的"两费"问题，在上海永远成了历史。

过去，老干部的离休金是和退休人员一起调整的。他们由于离休较早，离休金普遍不高。为了适当提高老干部待遇，我们提出，让老干部离休金与在职干部工资挂钩，实现同步增长。世谦同志非常支持这一提议。经过多年努力，"挂钩"方案逐步完善，成为提高老干部离休金的正常机制。

上海离休干部中基层占了大多数，很多人行政级别和工资起点都较低。我们摸清全市老干部离休金底数后，根据中央相关政策，分步提高了第一、第二次国内革命战争和抗日战争时期离休干部的待遇；又经过多年努力，逐步将解放战争时期的离休干部待遇提高到副处级。这些关爱老同志的政策，都是在得到世谦同志肯定并汇报市委批准后实施的。

在世谦同志的倡导和直接参与下，上海还建立了老干部工作协调机制，每年召开一次相关单位共同参加的老干部工作协调会，专门解决老干部"两个待遇"落实中遇到的困难和问题。有些一时难以解决的矛盾，由市委领导直接出面协调解决。基层老干部的住房、福利共享、医疗保障、交通出行等棘手问题，关心慰问易地安置去外省市的老干部等举措，都是在协调会上协商解决和确定实施的。老干部的生活不再因市场经济和单位性质的不同而受到影响，他们能够安度晚年、颐养天年。

"对老干部的需求，要件件有落实"

世谦同志对老干部充满深情，他常说："我们要真心实意地热爱老同志，要像对待自己的长辈一样对待他们。"逢年过节，他总会带领我们走访老干部。在老同志家中或医院病床前，他总是嘘寒问暖，耐心地听取老同志对市里工作的意见和建议，了解他们对党的政策和社会问题的看法，帮助他们解决具体困难。

在党的关心下，老干部离休后基本政治待遇不变，生活待遇还要略为从优，并要注意很好地发挥他们的作用。这成为老干部工作的基本政策。在拜访副市级以上老干部时，世谦同志了解到，有些老同志离休后不能及时读到中央文件。他告诉我们，老干部特别重视政治待遇，要及时解决这一问题；对老干部的需求，要件件有落实。在世谦同志的关心下，市老干部活动中心专门开设了阅文室，配备了各级文件。老干部可以按照级别阅读中央、市委的相应文件。市委还建立了每年向副市级以上老干部通报工作的制度，一直坚持至今。

老干部虽然退离了领导岗位，但他们心系党的事业、情寄改革发展，响应党的号召，发挥榜样表率作用，支持党的基本路线，支持改革开放，支持在职班子工作。老干部这种"一发挥三支持"的实践，得到世谦同志的高度赞赏和大力倡导。当时，市委建立了老干部咨询小组，听取老领导对市里重大工作的意见和建议；许多区县成立了关心下一代组织、老干部宣讲团、社区治安调解组；部分委办局成立了报刊影视评议组、高校党建辅导组等，充分发挥老干部的积极作用。上海多次召开老干部先进表彰会，世谦同志都会出席，会见代表，并主持会议或总结讲话，给老同志以鼓励。他多次对我说，我们所做的一切工作，说到底，就是要得到老同志的支持，引导老同志继续为党的事业做贡献。

记得上海印钞厂离休干部陈正三次自费进藏，拿出自己全部积蓄，在全厂干部职工的支持下在西藏墨脱创办了希望小学，使100多名孩子走进学校。世谦同志得知消息后，要求我们到车站迎接陈正，并指导市委组织部和老干部局联合发出通知，要求全市组织部门、老干部部门和离休干部向陈正同志学习。

作为市委组织部领导，世谦同志高度重视加强离休干部党组织建设。他多次出席全市离休干部党支部建设经验交流会，对支部建设提出明确要求：一要做到支部组织覆盖到所有老干部；二要建立健全党组织生活制度；三要让老同志在党支部畅所欲言，同时做好思想工作。经过努力，全市各系统很快全部建立了离休干部党支部，并且每月至少有一次活动。多年来，我们通过离休干部党支部，能掌握老同志的真实思想，了解老同志的所需所求。一些老同志遇到窝心事也会发点牢骚，但通过组织生活疏通交流、互相帮助，情绪能得到缓解。党支部成为老同志与党组织联系沟通的桥梁。

世谦同志非常重视老干部信访工作，凡是老同志写给他的信，他都会批示。一次，一位老同志写信向世谦同志汇报自己离休后经常下基层向青少年宣讲自己参加革命的经历和收获，为青少年提供了有益的精神食粮。世谦同志收信后，马上要求记者前往采访，后来得知他生病，又关心他的治疗情况。世谦同志对老同志的关心细致入微，可以从每一封来信的批示中得到体现。他对我说："市委对老干部工作很重视，关键是要抓落实。我们做老干部工作，不是简单的服务，还要做思想工作。你把这一块做好了，市里就放心了。"

"为老干部提供最好的服务设施"

为了更好地让老干部乐享晚年，市里要求给老同志建设一个功能齐全、方便舒适的学习活动场所。筹建这一活动中心是市委、市政府和全市人民献给革命前辈的敬老工程，时间紧，环节多，任务重。

为了保证活动中心建成后能有效运作，世谦同志按照市委"以地置楼、以楼养楼"的要求，与筹建组商定建设管理方案。"以地置楼"就是建造两幢楼，一幢给老干部活动中心，一幢给建设单位作为置换用房，以减少政府的投入。楼高 19 层，建成后采取"以楼养楼"的管理方式，下面几层是老干部学习活动场所，上面几层是宾馆和写字楼，以经营所得保障学习活动的支出。

活动中心模型制作成功后，送市委、市政府审批通过，建筑得名"青松城"。1995年5月，青松城举行开工仪式，十多位市委老领导到场祝贺，世谦同志出席并讲话。市人代会确认其为"上海市重大工程建设项目"，足见上海对老干部活动中心建设的重视。

在青松城建设过程中，世谦同志主持或参与了工程所有重要节点工作，多次亲临工地，慰问建设者，查看工程进度，要求高质、高效、廉洁完成施工任务。他多次召集工程设计、施工、监理等单位的领导，公安、消防、环保、电力等部门的负责人开会协调，要求有关各方为工程建设开绿灯，协力解决工程遇到的问题，有效保证了工程的质量和进度。他还提议召开了建设廉洁工程专题会议，制定廉洁规章制度，保证青松城真正成为各方面经得起检验的、过硬的敬老工程。

1997年12月，青松城正式建成，上海的老干部终于有了自己心仪的活动中心。青松城活动设施齐全，老干部可选择参加适合自己的各种活动；老干部大学也整体搬进青松城，学习条件和环境大为改善；青松城还提供各种生活服务项目，老干部可享受优质优惠服务。由此，许多老干部近悦远来，感谢市委市政府为老同志办了一件实实在在的好事。

世谦同志退休后，积极参加老干部大学的学习，后被市委任命为上海市老干部大学校长。他到任后，坚持"四个基地"（党的创新理论的学习基地、当代新知识的传播基地、中华优秀文化的研修基地、老干部榜样表率作用的辐射基地）的办学目标，突出老干部大学的政治教育、素质教育功能，不断完善课程体系建设。现在，老干部大学设立了六大系、开设了100多门课程，有3000多名学员。特别是"政治经济与国际形势"课程，由党校教授和研究院专家执教，坚持30多年，学员保持在300名左右，开课之久、人数之多、质量之高，被学员们赞誉为"天下第一课"。新开设的"一周时事综述"课也对老同志把握形势大局起到很好的作用。世谦同志每年带队走访高校院所，与他们签订合作办学协议，引进高质量师资，开设经典课程，为老干部的学习生活增添更多精彩。他还非常支持老年学校素质教育指导中心的工作，为老同志"活到老、学到老"，提升自身综合素质提供帮助和指导。

世谦同志在老干部大学师生眼中是一位可敬可亲的领导和长者。普通学员找他，他全都接待，从不推却；凡反映给他的问题，都会有一个明确的答复。他非常尊重教师，经常参加研讨、交流活动。他还以普通成员身份参加了老干部合唱团。

罗世谦（右六）和上海市老干部大学师生一起参加演出

忆老罗 ■

　　我在市委老干部局工作了 13 年，切身感受到世谦同志为党的老干部事业呕心沥血，做出了巨大贡献。他的崇高精神风范和优秀思想品格，将永远激励我们继续为党的事业而奋斗。

作者曾任中共上海市委老干部局局长

从学员到校长

周鸿刚

2011年，我从高校党委书记岗位退休后，担任了上海市老干部大学副校长，两年后，世谦同志到老干部大学任校长，我与他在同一间办公室办公，共事了整整7年时间。7年间，我目睹他关注学校发展、关切师生所需的点点滴滴，如今心中充满了深深的怀念之情。

罗世谦在上海市老干部大学办公室

心系老干部教育，致力学校内涵发展

我刚到老干部大学时，世谦同志是老干部大学的学员，在政经、人文、书法等多个班级学习。在班上，世谦同志的一丝不苟是出了

121

名的。课上，他认真做笔记，遇上疑惑不解的地方，他求教于老师，或与同学研讨。在政经班学习时，他悉心留存着每节课的课堂讲义，实在有事无法参课，就请同学代领。2020年，学校编校志时，需要政经班的资料，他拿出厚厚的一沓讲义递给教务部负责人。这样孜孜不倦的求学精神感动着身边的师生和办学工作者。

世谦同志担任上海市老干部大学校长后，曾多次和我谈起，老干部大学要走内涵发展的道路，要建立适应老干部教育的课程体系和教学模式，还要建设高质量的师资队伍。

在世谦同志的直接参与下，学校建立了时政、人文、书画、艺术、保健和科技信息6个系，形成了具有老干部教育鲜明特色的课程体系。也是在世谦同志的大力支持下，学校编写完成了6大类课程指导方案、105门课程的标准并汇编成册，成为老干部大学教育教学珍贵的史籍材料。

2018年，世谦同志从教育系统引进了现职校长担任老干部大学的副校长，新到任的副校长花四五个月的时间制订了老干部大学的信息化建设方案。过了一段时间，他和副校长谈及建设方案，考虑到经费投入、师生的信息化水平和接受度，建议先小规模进行试点。在他的倡导下，学校的一个教室率先进行了智慧化改造，并于2019年年底改造完成。得益于世谦同志的严谨细致、前瞻思考，2020年春新冠疫情突发时，学校在他的带领下率先在全市老年教育领域开展线上直播教学，并在这个智慧教室里探索线上线下融合教学模式，在特殊时期为离退休干部学员们提供了"停课不停学、停课不停教"的教学服务，深受广大学员的欢迎。

2018 年 11 月，罗世谦（左三）与作者（左二）在上海市老干部大学
书画摄影展启动仪式上

世谦同志不仅从教育系统引进管理经验丰富的校长充实校领导班子，还聘请上海工程技术大学教授担任校科技信息系主任，并积极选聘高学历青年人才，同时将学校编制从单一管理岗位转变成管理岗位与技术岗位并行。这一改变使青年办学工作者的职业前景更加明朗，增强了他们立足岗位、服务老年教育事业的信心。世谦同志还和校领导班子一道走访市委党校和上海国际问题研究院、华东师范大学、上海师范大学、上海音乐学院等高校和科研院所，签订合作办学协议，引进优秀师资，引入优质课程。

关切师生所需，提升学校社会贡献度

老有所学，学而有为。世谦同志在任期间，关注学员"乐学"

的同时，也非常关切学员的"尚为"，主持建立具有老干部大学特色的学员志愿服务体系，并拓展渠道、搭建平台、创新形式，鼓励和组织学有所成的学员尽心而为、量力而行，广泛开展志愿服务。随着离休干部进入"双高期"（高龄期、高发病期），不少老同志因年老体弱住进了医院、养老院，无法继续到学校上课。世谦同志闻讯后，和教务部联系，组建以政经班研习社骨干为主体的时政移动"微课堂"，送教送学到医院、养老院。为了扩大老干部大学的服务功能，世谦同志还把时事政治课程向社区街道开放，请居民区的支部书记参加学习，为基层解决了教育资源不足的困难。也是在世谦同志的倡导下，"青松讲坛"走出学校，实现了送教送课到社区基层。种种举措，将老干部大学的办学成果和离退休干部学员的榜样表率作用辐射到社会、惠及人民。

世谦同志对学校师生的关心关注是全方位的，他不仅关爱老年学员，更寄希望于下一代。每次到校，他都要到各个办公室转一转，询问员工孩子的学习、生活情况。2020年六一儿童节期间，正值疫情袭来，他通过网络会议平台以视频的形式祝青年员工的孩子们节日快乐，嘱咐他们好好读书，健康成长，尽快成为祖国现代化事业建设的接班人。未曾料想这番话竟成了世谦同志留给下一代最后的嘱托。

我们永远怀念世谦同志。

作者系上海市老干部大学校长

"还是回归本色的好"

蔡向东

来不及叮嘱未办之事，没有留下一句遗言，一位老人平静地、悄悄地离开了我们，骑着那辆使用多年、普普通通的自行车走了。他，就是上海市老干部大学罗世谦校长。

我和他同坐一个办公室，整整共事了5年多。再次走进校长室，看着那个空空的座位，桌上还摆放着他曾使用过的文具，眼前恍然浮现出他那满头白发，那谦和可亲的笑容，心中怅然若失，思绪万千。

说来也怪，翻开记忆的深处，印象最深刻的，似乎尽是他做过的一些琐碎、平淡之事，居然很难找到什么感天动地之举。

曾记得，市委任命他担任市老干部大学校长的会上，我讶然于他的满头白发，一身已穿着多年的灰色风衣，完全颠覆了以往在会场、电视中所见他头发乌黑、身着正装、系着领带的庄重形象。他笑着告诉我们，退休了，没有那么多公务，还是回归本色的好。

曾记得，他还是一位书法班的学员时，总是认真地坐在课堂里听老师讲课，虚心地请老师点评他的习作，感觉他就是一位普通的退休老同志。

曾记得，担任校长后，他会经常来到各类课堂和讲座的会场，悄悄地坐在后排，倾听老师讲课；还会听取周边学员的反映，然后回到校长室和我们一起讨论老师讲课的效果和特点。一旦听说哪位教师讲课有特色，很快这个课堂里就会出现他的身影。

曾记得，他高兴地穿上了绿色的志愿者马甲，为老干部大学志愿服务站揭幕挂牌，和教师学员代表一起举手宣誓，推进了老干部学员志愿服务的深入开展。

2017 年 12 月 5 日，罗世谦在上海市老干部大学
社区教育志愿者风采演讲会上讲话

曾记得，连续几年的春节前夕，他和教师学员一起到社区为老人写春联、送温暖；驱车数十里到上海金惠康复医院，为老人们带去歌舞，送上热情。

曾记得，他率领校领导拜访市委党校、国际问题研究院和高等院校，与一所所高校、医院签订合作办学协议，为建立优秀师资引入机制、保障学校教学质量，逐步完成"一系挂钩一院校"的设想奠定了扎实基础。

曾记得，他常与校领导班子一起研究学校工作人员的队伍建设，尤其注重年轻人的培养，为大家提供锻炼提高的机会；同时在每个科室都安排了有经验的老同志，在帮带年轻干部中发挥积极作用，使学校形成良好、积极的工作环境和人际氛围。此时的他，俨然还是那位老组织部部长。

曾记得，建校已有35年的老干部大学，却始终没有一部全面反映学校发展历程的史书。2020年，借疫情期间停课之机，他决心要补上这一缺憾，编写《上海市老干部大学校志》（以下简称《校志》）。为了完成这一艰难的任务，他要求学校所有工作人员，包括新近招聘来校的年轻人都要参与编写。几个月间，大家翻遍了学校30多年来的文字记载，查遍了所有的档案资料，找遍了所有熟悉老干部大学历史的人员。一稿、二稿、三稿，终于，这本由他高度关注、花费了许多人心血的《校志》修改完毕，即将正式付印。其间，他倾注了多少精力：讨论《校志》的框架，梳理《校志》的脉络；亲自打电话、约谈，征求意见，核实《校志》中的人和事。他在遇车祸的前一天晚上还给我打来电话，讨论我提出的《校志》中需修改的一个问题。可是，谁也没想到，《校志》的编写竟然成了他生前

罗世谦主编的《上海市老干部大学校志》封面

忆老罗 ■

最后一项未了的心愿，想来就让我们心痛，深深地痛！

他，曾是一位身居高位、受人尊重的老领导。但在老干部大学里，他就是一位衣着朴素、随处可见的老干部。在教师的心中，他是一位倾心老干部大学教育事业，永远那么细心认真的校长；在老干部学员心中，他不仅曾是许多人的老领导，也是一位经常在关心、帮助学员，善于听取他们意见的朋友；在学校工作人员心中，他不仅是一位没有一点官架子的校长，更是一位关怀备至、和蔼可亲的师长！而在更多人的心目中，他就是一位近在身边的普通老人，是一位品德高尚、让人难以忘怀的模范长者。

一位朴实无华、平凡的老人，悄悄地走了，骑着一辆普通的自行车，走了。

作者曾任上海市老干部大学副校长

忘不了的罗校长

查正和

在职业生涯的最后几年，我有幸来到上海市老干部大学，来到罗校长身边工作。虽然我们同室共事只有短短两年的时间，但他以身作则的正气、奖掖后进的大气、矢志不渝的胆气和两袖清风的底气始终包围着我，以至于在他离开我们快 3 年时，我只要一坐到办公桌前，恍惚中总觉得他就在眼前，就在我身边，依旧那么慈祥谦和，那么平易近人。

罗校长的办公桌就在我的旁边，我们每天并排而坐。除了工作时的指导，有时傍晚他从老干部活动中心健身回来，遇上我还没下班，就会和我一起聊天，不仅聊工作，也拉家常。两年多的相处，给我留下了许多难忘的记忆。

忘不了我第一天入职时罗校长找我谈话时的情景。我清晰地记得，那天是 2018 年 5 月 21 日。他言辞恳切地说："查校长，我们之所以把你从教育系统调来，是因为我们大学的办学对象和办学职能都在发生着变化，不仅要满足离退休干部学员的精神文化生活需求，对他们的政治建设、思想建设和基层党组织建设也要加强。你要发挥在教育方面的优势，让大学逐渐从需求服务型向教育引导型发展。"2020 年 6 月间，在编撰《上海市老干部大学校志》期间，我曾问他："学校前 35 年的历史我们总结好了，未来应该如何发展呢?"他说:"我已经77岁了,校庆办完后可能就要'二次退休',学校未来的发展就要靠你们了,所以今年年初时,我请你将起草学校新五年的发展规划一事提上重要议事日程。"一转眼几年过去,罗校长的话犹在耳畔,学校正按照他当年的部署,向着"党建引领的示范者、数智赋能的先行者、科研增效的引领者、志愿奉献的标杆者、治理提质的践行者"目标迈进,真是"初闻不知曲中意,再听已是曲中人,曲中思念今犹在,不见当年梦中人"。

忘不了罗校长当年带着我一家家地走访合作办学单位的情景。我刚来老干部大学时,另一位副校长退休在即,罗校长希望我尽快熟悉和融入学校工作。那时我虽已卸任上海市行政管理学校、上海市珠峰中学的校长职务,但仍是法定代表人,更对珠峰中学500多名远离家乡、远离父母的藏族学生一往情深、无法割舍。罗校长对我说:"查校长,你两边兼顾,要辛苦一段时间了。"为了让我尽快熟悉工作,罗校长联系与老干部大学合作办学的上海市委党校、上

罗世谦(左五)与作者(左二)等人合影

海国际问题研究院、华东师范大学、上海音乐学院等 8 所院校，带着我一一走访，认识了各合作院校的领导，为我快速熟悉情况、着手开展工作奠定了基础。

忘不了罗校长带领、指导我开拓学员党建工作的情景。罗校长长期从事组织工作，看到许多离退休干部学员虽然组织关系在原单位，但很大一部分时间都在学校学习、活动。他认为老干部大学的各个班级、社团乃至志愿服务团队都应该有党的组织，正好当时老干部局也有类似的考虑，于是指示我开展探索。对于这样建在学校学员中的党组织名称，《中国共产党章程》和党内其他规章制度都没有明确规定。有办学工作者建议用"临时党支部"或"功能性党支部"命名，罗校长觉得都不够精准。所谓"名不正，言不顺"，我也为这个名称绞尽脑汁。大约一个月后的某日傍晚，罗校长打球回来，对我说："查校长，我想到了一个名字。我们党在井冈山斗争时，出于保密需要可以建立党的工作小组，让党员的身份依旧留在原单位。那么老干部大学的班级、社团内是不是也可以组建党的工作小组？""党的工作小组"（后简称党工组）的提法让我豁然开朗，且与各区委老干部局挂牌的"离退休干部党工委"有异曲同工之妙。

忘不了罗校长带领全校办学工作者准备 35 周年校庆活动的情景。在编写《上海市老干部大学校志》时，罗校长带领我们一条一条地审读材料，逐字逐句地斟酌修改，常常一整天都在会议桌前。市委老干部局宣传处原处长刘恩也陪着他一起干，有时半夜 12 点，为了商量某个细节，或是搜寻某张照片，罗校长还在和他通话。由于老干部大学三度迁址，一些早期资料照片很难找到，最终都是罗

忆老罗 ■

校长与市委办公厅相关部门协调后亲自取回来的。仍记得校领导班子集体审读校志《大事记》章节那天,已是傍晚 6 点多,窗外大雨如注、漆黑一片,我请办公室安排司机送罗校长回家,罗校长却坚辞,要司机去送另一位住得更远的副校长,而他自己穿着雨披,顶着滂沱大雨,推着自行车回家。每念及此,我总忍不住潸然泪下。

忘不了罗校长带领我们应对新冠疫情、开展线上教学的情景。2020 年春节后,疫情形势突然严峻,学校不得不发布了停课通知。没过两个星期,罗校长来找我,因我当时分管学校后勤和信息化工作,他便问我有没有开课的办法。在罗校长的直接领导下,我们群策群力、集思广益,让上海市老干部大学成为上海乃至全国最早开展线上教学的老年大学。当时许多离退休干部学员都不会使用智能手机,对"腾讯会议""钉钉"等可进行线上教学的 App 就更陌生了。罗校长也是如此,他就回家向他学计算机专业的女儿请教,学会之后再来教办学人员,并鼓励大家想方设法教会师生,这样即便身处疫情,也能"停课不停学、停课不停教、停课不停为"。我因工作需要,为了陪伴"藏族班"孩子,长期无法回老家照顾双亲。看着父母一点点老去,那年五一假期,我希望能回家省亲尽孝。罗校长听闻我的特殊情况,特批准我回老家。但为了保证假期后线上教学的顺利开展,他自己在假期里一直在学校忙碌,曾一天之内给我连打了 3 个长途电话讨论与班级微信群管理制度和线上教学相关的问题。他这样的以身作则,令我无法心安理得地留在老家。和父母说明了情况并取得他们的谅解后,没等五一假期过完,我就赶回上海,与他一起投入工作。

关于罗校长，还有太多太多这样让我难以忘怀的情景。他总是关心着身边所有的人，无论对方是老师、学员、办学工作者，还是他们的家人……每每想起他的逝去，想起自己失去了这样一位好校长、好师长，我总会有深深的失落。然而在下一刻，我仿佛又感受到罗校长那慈祥、平和又坚毅的目光，那目光里，满含着鼓励与期待。

作者系上海市老干部大学副校长

智慧·担当·廉洁

洪纽一

2007 年的春天，时任上海市委书记的习近平同志来到市委宣传部调研。在陈列橱窗中，一个金光闪闪、印有"全国纪检监察系统先进集体"字样的奖牌吸引了他的目光。经部长介绍后，他握着我的手说："这个由中共中央纪委颁发的奖项含金量最高！"

16 年了，这难忘的一刻我仍记忆犹新。作为一名曾经在一线开展反腐败斗争的纪检干部，我深深地知道奖项荣誉来之不易，同时我也由衷地感谢背后有罗世谦同志的亲切关怀。

我同世谦同志相识近 30 年，曾两度在他的直接领导下工作。当年他担任市委副书记、市纪委书记时，我是市纪委派驻市委宣传部的纪检组长，在他的直接领导下工作。从 1999 年到 2007 年，我在宣传部纪检组长任上度过了职业生涯中最具挑战性的 9 年。当时，反腐败工作处于比较艰难的时刻，每当我们在工作中遇到突发事件或面临复杂局面，世谦同志常为我们排忧解难，旗帜鲜明地为我们鼓劲、撑腰。他的智慧与担当，让我们纪检干部在敬仰中感到无比温暖。

铁骨柔肠勇担当

世谦同志有着坚强的毅力和宽广的胸怀，他坚持正义、敢于亮剑、勇于担当的往事历历在目。

记得我们在调查核实一封举报信中涉及的被举报对象时，此人突然自杀了。正当我们承受着压力，心情也很沉重时，世谦同志专门给我打了个电话，他说："被调查对象自杀完全是他个人的咎由自取，一点都不影响组织的声誉。"他非常明确地坚持原则，要求我们继续查清问题。在他的支持下，我们纪检干部坚定了办案的信心和决心。最后，案件被查清了，被审查对象确实有严重违法违纪的问题。

有一年，市有关信访部门收到一封匿名举报信，反映一位局级领导的问题。信访部门打电话给我，要约该干部谈话。在处理上我们产生了不同意见：这封举报信，没有具体时间，也没有具体的证人，我觉得举报信的线索不具体，又是匿名的，光靠捕风捉影的几句话就找干部谈话，不妥。两种不同意见反映到世谦同志处，于是，世谦同志主持开了一个协调会议。他听完双方各自的陈述后，就问了我一句话："如果不找本人谈话，你怎么来给这封信结案？"我说："可以直接找当地的公安部门，向他们了解有没有发现这类情况。"世谦同志听完了以后，说："我看这个意见可行。"在世谦同志的支持下，我们从实际出发，去了当地的公安部门，他们从未发现过这类问题，并出具了证明。这样既查清了举报情况，又能慎重地对待被举报干部。

纪委的工作既有风险又复杂，尤其在复杂的社会关系中要敢于亮剑，敢于斗争，也要善于斗争，增强履职能力。在世谦同志的直接领导下，我们纪检干部时刻保持着清醒和坚定，在查案、办案的过程中，我们既要旗帜鲜明、态度坚决，查处违法乱纪绝不手软，同样也要实事求是，以证据说话，保护干部的积极性，澄清举报干部的不实之词。

实事求是善作为

世谦同志个性严谨，不喜欢张扬，为人处世低调。他坚持实事求是，善于倾听大家的意见，尤其是不同的意见。这是一位领导干部难得的品格。

我记忆当中比较深刻的就是每年市委全会上做的纪委工作报告，世谦同志总要在报告前先召集市级机关几位纪委书记听取意见。他对待工作报告认真且慎重，既要贯彻中央的要求，又要体现市委的精神，还要回答广大党员群众对反腐倡廉工作的期盼，所以世谦同志把报告中的内容一段一段地跟我们讨论，一段一段地让我们提出修改意见，修改了以后再发给我们看，我们再继续提意见，来来回回总要修改好几次。我们因为长年工作在一线，对基层的情况比较了解，在座谈会上有一说一，没有一点顾忌地向他坦诚汇报，怎么想的就怎么说，老百姓对党风廉政有什么想法，有什么建议，有什么意见，都是实话实说。世谦同志认真地倾听了我们的声音，也认真地吸取了补充意见和修改建议。

作为纪委干部，要实事求是，胸怀坦荡，不存私利，守正创新，善于作为。这样的认识，是我在世谦同志领导下，从他身上学到和悟到的。

清正廉洁树风范

我退休之后到老干部大学继续发挥余热，很大一部分原因是受到世谦同志的启发引导。我喜欢写字画画，喜欢拉小提琴。在老干部大学的东方艺术院，走进为老同志服务的领域，我收获良多。

世谦同志喜欢书法，我们经常在一个课堂上听课练字，总是并排坐在一起。他很低调，悄悄的就像普通学生一样。他也很好学，老师布置的作业他总加倍完成，因此书法水平长进很快。

世谦同志退下来以后还喜欢学古文。他是理工科毕业的，但他对我说，他年轻的时候就爱好文学。我说："古文很复杂的，你究竟要学哪一段呢？"我就陪他去了上海古籍出版社。时任出版社总编辑给他提了建议，还给他提供了书籍。世谦同志临走的时候一定要为书籍付钱，不付钱他就不要了。我对出版社总编辑说："你就按照规定，该怎么收就怎么收吧！你今天不收他的钱，他肯定不会拿走

罗世谦（左一）与作者（左二）

的。"在学习中，世谦同志经常为古文里面的一句话或一个字词找总编辑请教，直接与总编辑电话交流。后来，世谦同志和总编辑成为很好的朋友。

一次意外的悲剧，让校长罗世谦同志不幸离开了我们，如今已经快3年了。每当想起他时，一个和蔼可亲的长者形象便会浮现在眼前，他的音容笑貌、为人处世至今让人念念不忘。

人的一生是有限的，但是他的精神却可以永存。尤其在当下，群众期盼有更多的党员干部能像老领导世谦那样有着坚强的理想信念，敢于担当，尽心尽职，带领大家为党的事业做贡献，这也是我们学习怀念世谦同志的原因。

让我们永远记住这样一位平凡而受人爱戴的党员、校长，他叫罗世谦！

作者系上海市老干部大学东方艺术院院长

处处都有他的身影

蔡家顺

2020年9月27日上午9：49，当灵车远去，消失在视线中时，想到敬爱的罗世谦校长永远不会再回来了，我不禁悲从中来。人过七十，年逾古稀，这种失去亲人般的悲痛感觉已经很久不曾有过了。

从2013年2月25日到2020年7月25日，罗校长在市老干部大学整整工作了2707天，为党的老干部教育事业倾注了全部心血。他目光长远，务实开拓；他以身作则，廉洁勤政；他平易近人，和蔼可亲。他的崇高精神风范和优秀思想品质已经深深镌刻在大家的心里。今天，虽然罗校长已经离开了我们，但我们仍感觉到校园里处处都有罗校长的身影，他已经和上海市老干部大学融为一体，再也不可分离。

罗世谦（左二）与作者（右四）等人在老干部大学

忆老罗 ■

2015 年事业单位分类改革中，罗校长时刻把群众的切身利益放在心上，坚定地推进改革。为解决青松城的历史遗留问题，制定有利于老干部大学发展又切实可行的改革方案，他着眼长远，亲力亲为，给我留下了深刻的印象。他认真学习政策法规，深入开展调查研究，虚心求教业内专家；带领和指导办公室同志研究老干部大学岗位设置管理实施办法、职务职级晋升方案、职务职级晋升管理办法和绩效工资调整方案。他明确提出，鉴于上海市老干部大学在党的老干部工作中发挥的作用，老干部大学应适当扩充编制、提高待遇，吸引人才，加强管理；在公益一类事业单位中，老干部大学工资总额核定应争取中间偏上的标准。他还为此亲自与市委老干部局有关处室的同志沟通协调。

罗校长曾亲自向已经退下来的社保部门的领导求教相关政策。他让我把市人力资源和社会保障局原局长周海洋同志请到老干部大学，向对方详细了解事业单位编制、职数、工资总额、工资垂直压缩率等专业知识和现行政策，请对方为市老干部大学的改革工作出主意。罗校长的谦虚诚恳深深地感动了周海洋。我曾问罗校长，以你的身份，为老干部大学提点要求，为什么不直接找在职现任的领导？罗校长告诉我，退下来了，要支持年轻领导同志的工作，不要给他们增加压力、增添麻烦，我们要在政策许可的范围内努力做好自己的工作。罗校长的深意我很久以后才理解。

罗校长是深深扎根于群众的好领导。他熟悉在老干部大学工作的每一个同志，甚至记得住他们的出生年月；他关心在老干部大学工作的每一个同志，从工作到生活无微不至；他爱护青年干部，心中有每个人的成长发展规划；他尊重退聘老同志，经常听取他们的意见；他牵挂从学校退休的同志，包括已经离校的退聘人员，要求办公室多创造机会请他们回学校看看。他和蔼可亲，几乎每一个人都和他说得上话。在老干部大学工作的每一个同志，上自校领导，下至普通的驾驶员，远自离校多年的退聘人员，近至身边的工作人员，不是与他有点对点的微信联系，就是和他在同一个微信群，都可以和他保持全天候的联系，感受他无微不至的关怀，聆听他循循善诱的教诲，向他倾诉，接受他的帮助。至今，我们许多人手机里依然保留着罗校长的微信和通信记录。

罗校长是作风务实的好领导。他爱护干部，既在政治上、工作上严格要求，又在生活上、成长上关心关爱，切实帮助他们解决实际困难，深得群众信任。他实事求是、公正客观，谈心谈话，润物无声，令人心服口服，妥善解决了一些多年的"老大难"问题。他曾亲自过问一位普通职工退休工资核定中的难题，多次指导经办人员与社保部门沟通，向局主管部门反映历史情况，在政策许可的范围内提出妥善的解决方案。

罗校长一直是志愿者精神的倡导者和"笃志、厚德、乐学、尚为"校训的身体力行者。他和老干部大学的志愿者一起宣誓；他为老干部大学系统志愿者服务点授牌；他参加公益活动，连续3年率领老干部大学志愿者赴上海金惠康复医院慰问疗休养的离退休老干部；他关心老干部大学系统志愿者队伍的建设和志愿服务项目的培育，亲自赴嘉定为老干部大学志愿者颁奖；他关注微电影研习社"浦东项目组"志愿者为宣传"两弹一星"精神制作的四史教育专题片《追梦》，要求志愿者团队培养好作风，带出好队伍，取得好成果，多次叮嘱老同志们要把握节奏、从长计议……2020年7月25日下午2：42,罗校长在老干部大学微信群发了最后一条微信："为上海市老干部大学离退休老干部志愿服务大队获授队旗点赞。"这成为罗校长留给老干部大学系统志愿者的最后纪念。

在罗校长身边工作的7年，是难以忘怀的。

1939年12月21日，毛主席在为纪念白求恩写的悼念文章中说："我们大家要学习他毫无自私自利之心的精神。从这点出发，就可以变为大有利于人民的人。一个人能力有大小，但只要有这点精神，就是一个高尚的人，一个纯粹的人，一个有道德的人，一个脱离了低级趣味的人，一个有益于人民的人。"罗校长就是这样一个人。他是共产党人的楷模，是我们身边的榜样。

今天我们纪念罗校长，就是要学习他的精神，像他那样做人，像他那样工作，不忘初心、牢记使命，为党的事业奉献余生！

作者曾任上海市老干部大学办公室副主任

他住在我们每个人心上

孙梦蕾

追思会前一天，我们去看会场，旧的桌子，斑点透过布，显出来。长辈们想办法弄好了。他一直衣衫干净。我们也想干干净净地送他走。

他住在我们每个人心上。

一

他，罗世谦，成为我们的校长 7 年了。办公室调整之后，我搬到他的隔壁，所以更常见到他。

从他家到学校的那段路，没有直达的交通方式。公车是肯定不用的，所以他走路。后来，他开始骑自行车。

有时我在街角遇见他。他身上背的包旧旧的，可是阳光一照，白得耀眼，和衣衫一样干净；走在路上，腰板笔挺，脚步轻快，一点都不像个快 80 岁的长者。

他几乎每天都来校。每次来，他就一个办公室一个办公室地转转，看顾着我们每一个人。后来我知道，他也是这样一个教室一个教室地转转，探望着来上课的学员。

在成为校长之前，他先成了学员，坐在教室里和学员一起学书法，听政经课和人文课。学员都认识他，也都同他亲。他包里随身

143

放着速效救心丸，却不是给自己准备的，"身边的学友都上了年纪"，他怕有个万一，可以救急。

书法课他后来没有继续上，因为成为校长之后，时间就不再充裕了。然而，他的翰墨情缘仍在延续，他仍然在利用工作之余的有限时间临习碑帖。

二

疫情期间，学员们没有办法像往常那样在学校课堂相聚。他着急，在学校那么多年，大家早已养成了学习习惯，这突如其来的中止，让闭锁在家的学员一时难以适应。

系主任会上，他鼓励大家多想办法，多动起来，多为学员想一想。于是，学校的"云课"一门一门地开了出来。

他知道，上了年纪的学员要重开炉灶上"云课"，难，所以他自己先学习。"学会了，就可以去教同学。"同事回忆：那时罗校长在下载安装软件时遇到问题，立马就给女儿打电话问解决方法，一步一步操作，学会了，再转身去帮助同事。后来，学校还对教师进行了几轮关于授课平台的培训。他知道，只有办学工作者学会了，教师学会了，学员才不会怕。

那段日子，他几乎每天在教务部办公室和系主任助理们一起探讨如何开网课，哪些课程可以上网课，不同平台怎么使用，等等。每个班的第一次"云课"，他都会从带班老师那里了解详细情况，询问老师有什么问题，学员们有什么反馈。他还问到第一课的开课时间，然后通过带班老师向老师、学员们转达他的问候，祝贺"云"

上开课成功。甚至，每一个系他都会选择一两门课程听课。"一班一策，因课制宜。"这是那段时间他常挂在嘴边的话。

就这样，一门门"云课"摸索着开出来了。春季学期，41门，到了秋季，变成了66门。

"那些不适合上网课的班级，我们也要多想一想办法，不能忽视老师和学员们。"他想着的，不是一些人，而是每一个人。

曾经，有位学员提到自己所在的医院有许多在疗养的老人，因为年迈无法再到学校听课。他便与我们商量这个问题。于是，"移动微课堂"开课了，每月固定的时间，政经班的学员志愿者为老人们"送学上门"。过年时，他自己去了，给老人们戴上红色的围巾，送上福字与春联，和他们合影，叮嘱我们要把照片寄给他们。

罗世谦看望在上海金惠康复医院疗养的离退休老同志

"你展出的书法作品我学习了，进步很快，写得真好，为你高兴！希望能经常看到你的作品。"他经常给学员发这样的留言，学员们都记得。

三

他也关心我们。他说，学校的未来要靠年轻人。他把年轻人带到台前一展所长，也请来资深的长辈，作为每个科室的顶梁柱。

"前面，你们放手去干；后面，我们帮你们撑着。"

"你们有经验，多带他们成长，早日让他们能独当一面。"

"你看，我快80了，还在岗位上呢，你再多干两年吧。学校需要你们，年轻人需要你们。"

甚至，他还关心着我们的孩子。六一儿童节，疫情下的"云"上聚会，他在线上，这个看看，那个看看，笑眯眯的，好像他们都是自家孙辈。我们的孩子们都知道，有这样一位校长阿公，有这样一位能叫得出他们名字的老爷爷。

因为编撰学校的校志，我在最后一段时间里与他有了更多的交集。学校35年的历史，也许按照常人的观点，需要有资历、有经验的办学者来写，然而他要我们都来。"年轻人要更好地了解学校的历史，才能更好地展望未来。"这是他的苦心。

有时候，他会讲年轻时在工厂的往事给我们听："从车间一线的操作工人，慢慢成长为有专业技能的技术人员，也没有别的，就是踏踏实实工作，有空多看书多钻研。"

有时候，他会讲陪伴了自己几十年的哑铃的故事："我用它锻炼了几十年，也游泳、打桌球，长年保持着体育锻炼的习惯……"其实，他想告诉我们，除了强身健体，这更能磨炼持之以恒的意志。

他从不说"你们应该怎样"，只是让我们自己去感悟，应该怎样去工作，怎样去生活。

四

他远行之后那段时间，学员自发赶制出来的视频、志愿者们布置的照片展，一直萦绕在眼前。

微信里，他仍然在，在我们每个人的微信联系人里，在班级群、班长群、教师群、办学工作者群里。那个头像，始终还在。

老师、学员的手机里，藏着那么多他的影像。他是我们的同事，学员的同窗，坐在最后一排的学生，童心未泯的"老顽童"，也是一位相濡以沫的好丈夫，女儿的好父亲。

不知道为什么，每一年飘起桂香时，我就会想起他。

他远行了吗？我觉得他一直都在。

作者系上海市老干部大学编研室主任

我与罗校长的"三缘"之交

郑剑辉

曾经参加过一个罗世谦校长的追思会，规模很小，情感很真。当时我说："追思，追之不及，思之可达。"今日犹然，思之，其谦和的姿态，历历在目。

在罗校长面前，我是晚辈，与他交往时间不长。2017年，我到上海市老干部大学任教，他是校长，我们会在教室、走廊、会场相遇，相谈，相欢。

既然相交日浅，何来"三缘"之交？

"三缘"者，三重关系也。

有时候，罗校长像学生，我们像是"生师关系"。他来听课，提一个布包，总是悄悄进来，静静坐下，而且一定坐在后排，不想引

罗世谦在后排听课

人注目，只想专心听课。课后，他常常会来追问一些问题："为什么'尾'与'美'具有同源关系？""为什么你说《春晓》表达的不只是一种喜悦，还有哀伤，甚至宗教的意蕴？""除了让自己喝醉以外，诗人好酒，还有什么缘由？"他谦和而急切，就像一名好学多思的学生。

有时候，罗校长像老师，我们像是"师生关系"。在走廊、在电梯、在展厅，他总是快步而来，抢着招呼，先伸出手，言笑晏晏。他与我谈起我的授课、我的文章。他说："文章都读了，你说的'老年教育中的阅历教学法'很好，不过，如果再强化一点老年心理学的内容，缘此而入，是不是会更厚实？"他谦和而专注，像是一位循循善诱的老师。

2019 年 9 月教师节，罗世谦（二排左八）与教师代表合影

有时候，罗校长像长辈，我们像是"长幼关系"。每次与他相遇，我都能从他的言谈举止中读到、感到一种长者的慈爱风度，从无匆忙敷衍、虚与委蛇。他常站定后轻轻地说："中午在这里吃饭吗？""开车要小心，路上情况复杂。""穿得很少嘛，天冷了。""我们是忘年交，相逢有缘！"他谦和而亲切，就像一个素朴慈祥的长辈。

秋深露重，雪舞梅香；斯人已远，至今犹思。我以为，一个人一生的阅历、学养、素质，到最后，凝聚成的就是一个姿态，罗校长的姿态是温文尔雅的、谦和的。谦和之人，未笑也善；谦和之人，含笑也温；谦和之人，浅笑也暖；谦和之人，展笑也怡。这样的姿态，影响了与他交往过的人——像我这样的晚辈，给人温暖，促人成长。

在我眼里、心里，罗校长是校长，又不太像校长，他就是一个谦和的人——

一个谦和的、大写的人。

作者系上海市老干部大学教师

同窗友谊悠远绵长

顾敬铭

亦师亦友的罗校长，不幸离开我们已经近 3 年。在这些日子里，我时常会回忆起罗校长与我们一道在班级里学习、讨论的难忘情景。

我是 1989 年 9 月进入上海市老干部大学学习的。当时的校址还在岳阳路上，且仅招收局级以上的离休干部。未满花甲之年的我很幸运，被破格录取入学，从而有机会与老红军、老八路和过去奋斗在地下隐蔽战线的老同志们一起读书学习。

第一次在老干部大学见到罗校长时，他担任着上海市委常委、市委组织部部长职务，应邀出席市老干部大学庆祝建校 15 周年大会。会上，他代表中共上海市委致辞。我在聆听的时候，按下快门，拍摄了一张照片。而当我再次见到他的时候，他已经是一位头发花白、精神矍铄、慈祥和蔼、平易近人的上海市老干部大学校长了。

虚怀若谷，初心可鉴

罗校长来校不久，有一次，我坐在教室前排等候郑寅达老师来讲授《世界现代史》课程，不经意中回头看了一下，竟发现罗校长也坐在教室后排的座位上。于是，在下个星期再上课时，我带来了他在 15 周年校庆主席台上致辞的照片，趁课间休息时送给他。我们还相互加了微信，开始了同学之间互帮互助式的学习。

曾经，我不解地问起罗校长，为什么要来听课，他谦逊地回答道，自己由于出身于理工科大学，常感到对人文学科知识了解不够，所以选修了一些课程，大多是人文学科的。原来是这样，我和同学们不禁对罗校长的谦虚好学感佩不已。从此，他不仅和我们有校长与学员的工作之情，更有了在同一教室里共修课程的学友之谊。

有的时候，罗校长到市里参加会议，或在校部开会部署工作，与上课时间有冲突，我就会帮他将授课老师讲的内容记下或录下来，再发给他。罗校长都会认认真真地完成老师布置的相关作业，按时交卷。

30多年来，我虽然时常能在政经、人文、艺术等各类讲座的席位上看到多位校长的身影，但是和我们学员一样坐在教室里听课、与我们同窗共读的，罗校长却是第一个。

罗校长关心学员们的学习、健康和生活，与师生们打成一片。课间休息时，他时常会征求学员们的意见，了解学员对教育教学等情况的建议，还推心置腹地为学员解惑释疑。他是一位担任过上海市委副书记的领导干部，却从来没有一点领导的架子。

罗校长平易近人的作风，让学员们有了高兴的事情也乐于同他一起分享。如，我在国庆70周年之际有幸获得一枚纪念章，并受国庆阅兵启发，也拍了两张照片留念。罗校长了解后，在发给我的微信中写道："顾老，谢谢您！祝贺您获得了纪念章！两张（照片）全很好。"

崇德礼贤，孜孜不倦

2020年1月前后，新冠疫情开始蔓延，学校正常教学受到影响。然而，罗校长和我们的微信交流从未中断，反而更加频繁，内容也更加多样。

那年春节，罗校长发来一条微信消息——"顾老：在守望相助、共克时艰的特殊日子里，您一定又在书海里徜徉吧？近日，我在看老干部大学的往期学报，看到您有许多文章，涉及范围广，有实事，有感悟，很受教育。这么多的文章，您自己一定有底稿留存或汇总吧？如果开学后能借我学习，那将万分感谢！望您多保重，祝您安康快乐！"

罗世谦在疫情期间的书法作品

罗校长在新春佳节的假日里，还抽空阅读往期学报的文章，使我很受感动，很是佩服！我回复罗校长说，自己为校报和学报写过并刊登的文稿大致有三类：一类写各位风采各异的教师，一类写学习体会和感悟，还有一类写的是旅游纪行。因基本都留有电子稿，罗校长想看哪一类，我都可以从网上发过去。

我未料到，身为一校之长的老领导会以如此平等、谦逊的态度主动联系班级学员。而他在回复中对我既宅在家中抗病毒，又抓紧时间积蓄正能量的行动加以认可和鼓励。此后我们就像老同学叙旧那样无话不谈，我们的学友情谊更深了。

沧海横流，本色尽显

随着新冠疫情愈演愈烈，我们国家在党中央的坚强领导下，坚持"人民至上、生命至上"，有效抗击了疫情，最大限度地保护了广大人民群众的生命安全和身体健康。这段时间里我们交流的内容大致如下：

其一，转发一些经核实，其出处及撰稿人确实可靠的内容。如大家信任的张文宏医生的文章，又如张文宏为中国留学生解读美国疫情的文件和视频，罗校长看后都要我继续转发。

其二，我看了抗击新冠病毒的情况后悟出一些道理，由此所撰写的"抗疫有感"文章，都被他一一推荐录用在我校政经班的刊物和老干部大学校报上。

其三，向学校提出一些建议，如上网课的方式。例如2020年年初我看到华山医院发表在他们刊物上的《我们要为全球性的"新常态"风险做好准备》的文章，觉得信息量很大，我们老干部大学可能也要为那两年都要上网课做好准备了，于是立刻发给了罗校长。谁知他早已根据疫情防控需要，在征求教师、学员意见建议的基础上，与校领导班子一起，果断决定调整课程讲授方式，采用"云课堂"模式，创新开展线上教学。他提出，在抗疫新形势下，老干部大学的工作要敢于探索，勇于创新，建立"互联网+"的工作模式。

我向罗校长提出旅游班贺学良老师为大学生上网课的建议，以及提出至今不会用微信的高龄学员听网课有困难的问题等，罗校长回复我说："收到了，谢谢您！所提建议，周校长商量后会安排人具体听您意见。"罗校长还说："欢迎您为学校多出主意。"因而我又建议把张文宏详细解读新冠疫情有关知识的讲座和文章制成网课。许多师生反映，网课内容很及时，收看后受益匪浅。此外我们还分享了第一次上网课兴奋不已的喜悦心情。

罗校长对我的看法和建议很重视，并鼓励我继续为学校多转发有益于提高认识的文章，向学校多提建议、出办法等。我们已经成为同窗知音。这些彼此交流的微信往来统统被我珍藏在电脑里。

2020年7月19日，我发现张文宏教授等3位知名专家的讲课从医学、管理学、决策学等多个角度，探讨全球疫情态势、平战结合之下的精准防控，以及疫情下的全球化之路，认为会对大家有帮助，便向罗校长推荐。但是这一推荐发出后，却再也没有收到罗校长的回音。送别仪式那天，我特地请查校长带去一篇寄托我哀思的《深切缅怀罗世谦校长》祭文，以表达我对罗校长的深切悼念之情。

罗校长意外离我们而去，令我悲痛不已。我们不仅失去了一位赤胆忠心、爱党为民的好校长，同时也失去了一位同窗、知音、学友。

斯人虽逝，风范长存。我们当弘扬他的高尚品格，扬鞭奋蹄，以"老骥伏枥，志在千里"的精神，继续向前。

作者系上海市老干部大学学员（离休干部）

他不站在旁边看，他和我们一起干

吴怀祥

我跟罗校长第一次见面是在 1982 年的 9 月份到 1983 年的 3 月份，当时我们都是上海市委党校第九期干部培训班的学员。我们集中在卢湾分校学习，那里是工业口子的学员集中地，罗校长是卢湾区的区委党校的支部成员，我在国防工办的党小组。那个时候我们虽然接触很少，但是他给我的感觉很朴实、很真诚。

后来同他见面，是在 1995 年 5 月。当时我从华亭集团总经理调任衡山集团党委书记兼总经理，罗校长是市委组织部部长，他找我谈了话。我谈了我的一些想法后，他没有和我讲什么大道理，没有把事情简单化，而是认真听，言简意赅地和我说了一些很重要的话，我印象特别深。他说："你去衡山集团将进行一次重要的改革，即撤销接待办的体制机制，并入衡山集团。衡山集团受市政府的委托，承担市政府的接待任务。"他没有盛气凌人地宣布完就完事了，而是对我实实在在地讲清楚，激发我工作的积极性。

到了老干部大学之后，我因为担任政经班班长及思政研习社社长，所以经常同罗校长见面。党的十九大召开前夕，他对我说，中央组织部要来人听取关于召开党的十九大的群众意见，要我帮忙收集一下，我说好。过了几天，他找到了我，并专门拿出笔记本记下了我收集来的意见。我当时说，我们这一辈的党员，特别是党员中

157

的领导干部，都是响应党的号召的一代人，都是第一代独生子女的父母。现在我们年岁渐大，家庭遇到了各种各样的困难，希望中央可以重视老年人、重视第一代独生子女的父母的养老问题。罗校长很认真地记了。过了两天，我们再次遇见时他告诉我，他把我们的意见都上报了。

罗校长没有架子，密切联系群众，真心待人，真心听意见，不搞形式主义，是实实在在的领导干部。

罗校长对我们政经班、研习社特别关心。2014年，他当校长不久后，就联系国际问题研究院杨洁勉老院长给我们做报告，还经常对研习社工作提出建议，并帮助落实。2018年，当时政经班班主任生病，基本没有办法来工作；研习社也遇到了一些困难，有许多具体的问题要解决。我犹豫了半天，还是去找了罗校长。没过几天，5月16日中午，学校专门召开会议研究研习社的问题，帮我们充实了研习社社委会，增加了联络员，由教务部负责人任顾问，确保了研

2020年6月，罗校长与政经班学员在一起

2019 年 12 月 27 日，上海市老干部大学思想政治教学研习社在青松城召开年会，罗世谦出席会议并与学员亲切交谈（右图左二为作者）

习社工作的继续推进。不仅如此，他还多次参加研习社的活动，会前和老同志一个个握手，一个个问情况。他参加我们的学习讨论，总是从头参加到尾，认真听每位同志的发言，不会中途离开。大家感到：他是我们的校长，是一位老领导，也是我们研习社的一员；他不是站在旁边看，而是和我们一起干。他多次提到，希望政经班、研习社成为学校的品牌，希望大家能够把这件事情做好。

我们纪念罗校长，要学习他的好品质，要把他挂在心上的事情继续做好，尽心尽力。

作者系上海市老干部大学政经班研习社名誉社长

罗校长与微电影

刘正义

罗世谦同志是我退休后有机会近距离接触的一位省部级老领导，那时我在上海市老干部大学学习，罗世谦同志是我们的校长。他平易近人，待人真诚；每次和他接触，我都能从他的言语和眼神中感受到一种温暖和期待。

罗校长高度重视学校微电影学科建设，在他的倡导下，2019 年春季学校开设了手机微电影班，吸引了一批老同志参加，我有幸成为秋季班二期学员。学习应用"会声会影"软件制作微视频，对许多老同志来说并不是一件容易的事。手机微电影班结业典礼上，罗校长前来参加，还与大伙儿合影，为老同志们加油鼓劲。

2019 年 12 月底，在二期班的结业仪式上，罗校长还欣然讲话，他说："当前社会上微视频制作高手太多了，但无疑你们将成为学校微电影发展的中坚力量，要发挥好生力军作用！"罗校长坚定和期待的目光，他所说的"中坚力量"和"生力军作用"，都给了我们这些初学者极大的鼓励，成为我们坚持不懈地学习微视频制作知识，并用所学技能为社会传播正能量的坚强动力。

记得 2020 年 1 月 8 日，那是我第一次参加采风活动。那天天气寒冷，还刮着凛冽的西北风。一大早，罗校长就带领学校老师和微电影研习社骨干社员，驱车 30 公里赶往宝山区的上海金惠康复医院，为老同志送上新春慰问，还送去书画班学员自创的书画作品和艺术班学员的歌舞演出。罗校长与金惠院离退休干部和原老干部大学学员一一地打着招呼，就像见到了老朋友，问这个胃口怎么样，问那个血压稳定了没，嘘寒问暖，给我留下了深刻的印象。

刚获得手机微电影结业证书的我第一次承担学校重要活动的拍摄制作任务，心情既紧张又激动。一路上罗校长向我们介绍了老学员的制片情况，鼓励我们大胆实践。事后对我们几位学员分别拍摄制作的片子，他不仅仔细看，还给予了热情点评和鼓励，尤其是称赞我们积极承担志愿者工作，他说："志愿者的无私奉献使社会更加温暖，大家一齐努力，把老干部大学办成更温馨的家。"

罗校长对微电影发展寄予厚望。2020年暑期，微电影研习社志愿者团队先后在上海市长宁区和浦东新区开展以"讲好身边红色故事"为题材的微视频制作活动。我们主动争取到浦东新区区委老干部局支持，挖掘居住在浦东新区上钢新村街道的"两弹一星"老功臣的艰苦创业历史故事，以此为题材制作微视频。罗校长得知情况后很高兴，亲自推动项目落地，倾注了大量心血。

当时我们成立了浦东项目组，那是微电影研习社第一次集体创作纪实片，尽管困难很多，但项目组同志在罗校长等校领导的关心和推动下深感振奋。大家团结合作，攻坚克难，围绕着凝练主题、串联主线、采访人物、深入挖掘感人事迹、再现历史画面等环节展开工作。但凡项目有些进展，我们都会向罗校长报告，罗校长听后总会不时给我们出主意、指方向。当罗校长得知项目组老同志们为制作好片不分昼夜地工作，为了做好每一个细节精益求精时，还特别关照老同志要保重身体,从长计议。

经过近 4 个月的奋力拼搏,浦东项目组集体创作的以"两弹一星"创业史为题材的《追梦》终于出品啦!2020 年 9 月 22 日,《追梦》在浦东新区上钢社区红色礼堂首映。此后观澜小学又举行了"《追梦》进校园"活动,推动全区 600 多所中小学校广泛开展传承红色精神活动。《追梦》在全区 40 多万名中小学生中演播,取得了很好的教育效果。

能告慰罗校长的是《追梦》取得成功,而让人心碎的是,罗校长还没能看上一眼,就永远地离开了我们;每每想到此,我就禁不住泪如泉涌。

虽然罗校长离开我们已经近 3 年了,但罗校长的嘱托——"要发挥好生力军作用",我们始终铭记于心。在这里我们要告慰罗校长,学校微电影研习社已发展到拥有 30 多名骨干社员了,我们谨记"笃志、厚德、乐学、尚为"的校训,在百年党史学习教育、学习宣传党的二十大精神等主题教育,市慈善基金会志愿者服务、抗击疫情等重要活动中,微电影研习社志愿者创作了几十部生动鲜活的作品,为学校、为社会持续发挥着老同志特有的作用。

罗校长带领、指导下的微电影创作已经成为我们老年生活的一部分,在上海市老干部大学创造的老有所学、老有所乐、老有所为的环境中,我们正在努力学习并快乐地奉献着。

作者系上海市老干部大学微电影研习社社长

罗校长，也是罗学长

潘培坤

罗校长身边的一件件、一桩桩故事，历历在目，我永远不会忘怀。

送别罗校长前夕，我含泪写了三首悼念诗，以寄托我的哀思。现摘其中二首如下：

（一）

孤雁独去泣凄凉，风骨犹存倾城香。

未及道别人已逝，泪流满面悼师长。

（二）

林中静坐吟诗章，灯下追思挥笔忙。

案前音容梦中见，"六心"定格永难忘。

我清楚地记得 2015 年秋的一天中午，我碰巧与罗校长同桌在大学三楼 3 号餐厅用餐，我们边吃边聊。我说："现在我才来学书法，好像晚了点。"罗校长接过话题，用和往常一样平和的语调，缓缓地说："不晚，只要来学，什么时候都不晚。"从此这一句话便成了鼓励、鞭策我坚持不懈学习的动力，给了我持之以恒追寻的定力。在罗校长热情的鼓励下，我暗自迈步从头越，潜心学习书法理论并不断练习，在老师教授和个人努力下，我的书法水平有了较长足的进步，先后有多幅作品入展省部级以上书法展，有的还荣获奖项。而这些成绩的取得，与罗校长的循循善诱和热情鼓励是分不开的。他既当校长，是我们的引领者；又当学长，是我们的领跑标杆。

2019年5月7日下午，又是一个难忘的日子。上午我接到市慈善基金会副理事长施南昌同志电话，请我赶去参加上海市慈善基金会成立25周年纪念大会。下午回校后，我把由上海市慈善基金会指导、市慈善基金会铭深专项基金和市铭深基金会出资编著出版的《古诗文名句公益读本》（此书由我及施南昌副理事长共同任主编）赠送给罗部长，他说："这本书编得好，它架起了慈善与中国传统文化的桥梁……"并鼓励说，"做慈善好事，再多也不嫌多。"又是简短的一句话，肯定、鼓励和期待尽在其中，成了我永远铭记的警言和努力做慈善公益的动力源。

最使我终生难忘的是2018年4月26日上午。那天，我将自己花近一个月时间书写的近两万字，长24米、宽0.35米的党的十九大通过的《中国共产党章程》行书长卷复制作品带到学校，作为作业请老师审阅。东方艺术院常务副院长潘小娇得知后，马上向学校领导汇报，罗校长、蔡校长等闻讯，立即赶到教室观看。罗校长一边仔细端详作品，一边听取我的书写情况介绍，还不时询问书写过程等细节问题，并称赞"不容易！"。当听我介绍这是"六心合一"的结晶时，罗校长微笑着说："'六心'的关键是初心和恒心。"罗校长总是在关键时刻，用最简洁、最经典的语言给你指路、助力、鼓励，从而鞭策、激励、鼓舞你不断前行。

在罗校长的关心、关怀下，校办公室的同志们专门将我的作品拍摄成视频在全校滚动播放。纪念改革开放 40 周年的上海市老干部大学系统书法绘画摄影展还把我的作品评为"白玉兰"奖，罗校长与名誉校长陈铁迪老书记还给了我热情的鼓励和肯定。2019 年 7 月，大世界基尼斯上海总部又给我颁发了"大世界基尼斯之最"证书……所有的这一切，都凝聚了罗校长的精心扶持、帮助和关爱。

2018 年 11 月 9 日，罗世谦（右一；右三）与作者（右二；右二）在上海市老干部大学举行的书法绘画摄影作品展览会上

每当想起这一幕幕，我便久久不能入眠，内心满是感动。

作者系上海市老干部大学东方艺术院书画社社长

好校长，好老师，好学生

周　红

几年前，我选了"世界史""国学品读"课学习，后惊喜地发现，罗世谦校长也经常来听这两门课。因为工作忙，不能准点到教室，为了不打扰其他学员听课，他都坐在教室的最后一排。校长在课间休息时经常与老同志们聊天问候。"国学品读"课上，我正好坐在校长的前一排，我们就有了很多说话的机会。校长听课非常认真，不断地做笔记。他说回去还会复习，有时工作走不开，就向顾敬铭同志借录音回去听——顾老师用录音机当助听器，效果比较好。校长和我说，这些古诗词过去是读过的，今天，听郑剑辉老师讲完再读，又有新的感受。对比校长的学习精神，我真是自叹不如！

2020年因疫情，6月份学校试探着开设了网课。我把群里发的郑寅达老师的《法西斯的研究与批判》教材转发给校长，校长也鼓励我积极参与互动。他在微课堂上带头与老师互动，活跃了网课的学习气氛。

记得2019年春，学校新开了"中国传统文化"课，教科书可以在网上买到，我就买了几本二手书送给班里的同学。二手书便宜，同学们就不会过意不去了。那天正好看到校长也在，我就问校长："二手书要不要？"没想到校长说"好的"，然后马上拿出手机，给我来了个微信转账。这让我又是一个没想到——校长的微信居然用得这么熟练。"中国传统文化"课初开时，因为对顾伟列老师不了解，我想试着听听看，要是没意思，我还是去听政经课——因为同在周三上午，时间冲突了。没想到，听了顾老师的课，我马上为其倾倒，甚至还有感而发，写了篇《我们要到哪里去》的文章。我把这篇文章给老师和同学看，还给了校长。我不断地称赞顾老师的这门课内容好，讲得也好，几个和我有共同爱好的同学也被我动员来听课。可惜的是，大多数学员对这门课不甚了解，听课的学员不多。我很着急，就向校长反映：这么好的课，这么好的老师，学生却这么少，太可惜了。校长很重视，不但亲自来听顾老师的课，还动员了学校的青年老师也来听课。今年因疫情不能在线下上课，顾老师的课就被搬到了网上。那天我一看，学员已有40多人了，而且大家听课后纷纷对顾老师的课表示赞美。我心想校长真有办法，疫情期间还能动员这么多学员来听课。2020年6月13日，校长发消息和我说："最近，校网课中顾伟列老师的古代文学广受好评，就和你的极力推荐分不开（当然还有其他老师和学员）。"不想，这段话却被永远定格在那里，成为校长在我微信中最后的留言！

2020年4月，我把老同事在群里发的组织部1993年新春联欢会的视频转发给校长，校长回复我："谢谢你！组织部的经历确实很珍贵，始终激励我们不忘初心、继续努力。"我想，第五教室墙上的12个大字"立场坚定、思想常新、理想永存"就是校长的写照。校长不愧为中国共产党的优秀党员、忠诚的共产主义战士，永远是我们学习的榜样。

作者系上海市老干部大学学员

一身正气，两袖清风

邱根发

我至今仍然不敢相信罗世谦书记逝世已快 3 年了。

我在 20 多年前就和他相识了。2001 年 4 月的一天，我在报上看到中央任命罗世谦为上海市委副书记。那天晚上刚巧下雨，罗书记在东湖宾馆有接待任务，站在大厅等着客人。他看到我问："你们怎么还没回家？"我说："有任务，习惯了，等客人走了，我们才能回家。"我们就这样聊了起来。我请他坐下来喝杯水，他不愿意麻烦我们，说就这样吧。那一次，他特别高兴，话也特别多。他说最近市委从西藏调回来一位新的副市长，接着他就说起这位同志的经历——在西藏工作了几十年，勤勤恳恳，踏实努力，非常不容易，是一位党的好干部。罗世谦说起别人时从不吝啬自己的赞美之词，但是说到自己就是寥寥几句。

这以后我们逐渐熟悉起来，罗书记每次到东湖宾馆来，有时间总是会和我们聊聊天，针对社会的一些情况，也会问我们一些问题，并讲一些道理给我们听。有段时间，购物卡泛滥，很多单位在节假日都会发购物卡。罗书记当时对我说，购物卡破坏了经济，搞乱金融，增长不正之风，表面上是搞活经济，其实影响很坏，为不法分子行贿、受贿大开方便之门，是滋生腐败的温床。后来的事实也证明了罗书记的观点是完全正确的。还有一次，罗书记和我聊到足球，他说踢足球主要是要有规矩，每个人要明白自己在什么位置，不能越位，也不能不尽力。

有一次，我记得很清楚，那时我正在宛平路 11 号东湖集团公司开会。突然，单位总机来电说罗书记中午要宴请客人，叫我马上赶回来。我看了看时间，快 11 点半了。会议一结束，我马上往回赶，突然在路边看到了一个熟悉的身影——罗书记。我问："罗书记，你怎么不陪客人吃饭？"他说："用不着我陪，我已经安排好了。""那你自己也该吃个便饭吧，已经到吃饭时间了。""不需要了，也不麻烦你们了。小邱，我要回单位，还有不少事情要办。"他一边和我打着招呼，一边满头大汗地快步向前走去。

罗书记在廉洁上是出了名的。

他什么礼都不收，什么应酬都不参加，逢年过节的礼品一律回绝，甚至中秋节的月饼票也不要，有很多人不理解。我劝他说："你教育我们要传承中华好传统，你已经退休多年了，作为好朋友，礼尚往来，节日送送月饼也无可厚非，你断然回拒，有点不近人情了。"他说，这样形成风气不好。有一次，他看到我发表在《新民晚报》上的文章《紫竹楼见证好作风》，鼓励我说写得蛮好，就问起我父母的工作。我说："父亲是 20 世纪 50 年代入党的老工人、上海市五好职工。"他赞叹说"好家风"，然后深情地回忆起了自己的家庭。他说自己的母亲是一位小学教师，从小教育他要好好学习、好好做人，要勤勤恳恳为党工作，千万不能请客送礼。说到这里，他眼眶湿润了。

一天，他谈到退下来后与同学、同事聚会和参观（包括到有关基层单位参观）时，他都实行 AA 制。有时候，有的单位多加几个菜也被他婉拒。我说："你是市委领导，多几个菜也是可以理解的，何况你已经退休了。"罗世谦说："这样不好。第一，造成的风气不好。第二，同学、同事中有不少是海外的，还有平民百姓，他们看到这样的事会有想法，也会对外宣传。好作风、好风气要在平时养成，这不仅仅是钱的事，更是党风的事。第三，大家 AA 制，心里也坦然，这样以后也能再聚聚，没有压力。"短短的几句话，在情在理，让我心服口服。

罗书记任市老干部大学校长后，有一次，聊到有的地方提拔干部存在不正之风，我问他："是否因为'亲者严，疏者宽'，在你身边工作的人都不怎么受提拔，这不是吃亏了吗？"罗书记批评了我，说："任何时候、任何情况都要讲党性原则，讲培养、选拔干部的条件，这不是吃亏不吃亏的问题，这是党赋予我们的职责。"他没有"小圈子"，也没有什么不良嗜好。这一次分手时他对我说，以后不要

罗世谦与作者合影

叫他罗书记，叫他老罗就可以了，"退休了，就是一个普通老百姓"。

2009 年我被调到丁香花园，负责上海市局以上离休老干部日常生活（包括学习文件、吃饭）等工作的时候，罗书记也非常关心我的工作。实际上他也是为老干部工作操心，有时候会找我聊聊天，询问我的工作情况，有时候也会看看老干部。当他了解到老干部对我工作很满意时，他也鼓励我，告诫我对老干部工作要耐心、细心、诚心，为老干部工作，千万不能马虎、敷衍。有一次，他到了丁香花园，看到我正在为老干部们开饭，就悄悄地走了。事后他说："我到华东医院看病，顺路过来看看，你在忙，就不影响你工作了。"

他在担任市委副书记、组织部部长期间分管过老干部工作，对老干部们很有感情，他深知老干部工作的重要性和做好老干部工作的真谛：倾听，真心，办实事，解决问题。他在担任老干部大学校长期间，更像一位老干部的服务员、勤务员，和老干部打成一片，忙这忙那。他说："市委让我干好这个工作，我就老老实实地办。我所做的一切是我自然的流露，是我长期工作形成的习惯，自己感到非常舒坦。"

回想起来，我在丁香花园工作近 6 年的时间里，罗书记曾托我办过三件事。

第一件事，是关于一位离休老干部的。她的丈夫是 20 世纪 30 年代参加革命的老干部，在"文革"前曾任上海市领导，后调到江西省工作，任南昌市委书记。他逝世后，夫人回到上海，按照有关政策规定办好落户等事情后，罗书记依旧关心着她。这位老同志离休后来丁香花园活动，罗书记几次打电话来问她的身体、饮食情况，叫我平时关心好、照顾好老人。每年，我都会给老人拜年；2015 年后我退休了，但依然每年去看望。老人一见到我，就会念叨"罗书记是好人，好人哪"。她去年去世了，享年 97 岁。

第二件事，是关于新疆生产建设兵团原副政委、工会主席的，她是上海知青。20 世纪 60 年代，她响应党的号召，到新疆生产建设兵团工作，40 多年后退休回到上海。她偶尔也想来丁香花园活动，就找到了罗书记。"能不能照顾一下？"罗书记用商量的口吻问我。我说："可以啊。"按照政策规定，没有问题。"如果可以，就按照规定办。"其实，罗书记根本不认识这位回沪的上海知青。罗书记对我说，上海知青对新疆生产建设贡献很大，言语中充满感情。事后，罗书记还打电话来问我："她来了吗？情况怎么样了？"我回答说："挺好的。"这位被罗书记关照的知青每次来丁香花园活动，都很感激、很惬意。一次她问我："邱总，罗书记在市老干部大学当校长，分管你们丁香花园工作吧？"我一听就知道，她对罗书记不熟

1999 年罗世谦赴新疆慰问

悉。我解释说："我们行政上隶属于东湖集团，而老干部工作是隶属于老干部局的。"她说："罗书记人好。他其实完全可以把我要求来丁香活动的事情推托掉。"

第三件事，很遗憾没有来得及办成。罗书记想邀请中国外文出版发行事业局原局长周明伟于 2020 年 10 月到青松城为老干部讲课，谈谈中美关系。周明伟曾是我大屯煤矿的矿友，曾任国台办副主任、国务院外文局局长。近几年来，他在中央党校、浦东干部学院和上海市委党校等地讲中美关系，广受好评。

2020 年 4 月的一天，我到东湖宾馆去，正好看到罗书记推着小自行车从东湖宾馆出来。骑车拐弯的时候，前面有一辆车，他便单脚撑在上街沿上，估计是因为年纪大了，没撑住，一下子跌了下来。我连忙下车奔了过去，扶他起来；想用车送他回去，又感到不妥——他骑着辆自行车，我坐在轿车里，像什么话？而且也开不了口——我知道他脾气。我对他说："罗书记，我来帮你推车。"随后我就陪他步行前往青松城。罗书记一路上还是不忘周明伟上课的事情，对我说："最好约个时间和周明伟碰头商量一下，包括讲课具体怎么安排，人数多少等。"哪知道，罗书记 7 月出了车祸，9 月 23日就离开了我们，他终究没能听到周明伟上的这堂课。

罗书记有骑自行车的习惯。在组织部、纪委工作期间，他都尽量少用、不用公车，不是步行就是骑自行车，退休后更是如此。有时候他骑自行车到菜市场买菜，或到青松城上班，时常会和路人打招呼、聊天。他说，这一是为了体察民情，了解老百姓到底有什么想法；二是让他们也知道我们的干部没有搞特殊化，和百姓一样买菜煮饭；三是以这样的实际行动击破一些"领导干部有特供"之类的谣传。有次我和陈铁迪老书记聊到罗书记骑自行车的事，她像老大姐似的说："年纪大了，要服老。你看到罗世谦，叫他不要骑车了，千万不要骑车了。年纪大了，管好自己身体就可以了。"谁能想到，罗书记最后还是出了车祸。每每想到这里，我心里就非常难过。

罗书记逝世已经快 3 年了，不少在他身边工作过的同志、在他病床旁照顾的同志，讲到罗书记就哭。我写这些回忆罗书记的文章的过程，也是自我教育的过程。不少和我相识或者不相识的人，看了这些文章，都有同感，也十分感慨：这么好的干部，难得！不论是在职干部，还是一介平民，他们都连声说："像罗书记这样的干部，是我们学习的好榜样，是新时代习近平总书记提倡学习的好干部，是焦裕禄式的带头人。几十年如一日，严于律己。当了官，没有架子，平易近人。太好了，太感人了，太令人尊敬了！"

他一心装着人民，一心扑在工作上，心地善良。他是好党员，不忘初心，这就是共产党员的本色。他心中时时刻刻想到的是党的事业和人民的利益，唯独没有想到他自己，这就是罗世谦的境界！党和人民给了他很高的评价，他为革命奋斗了一辈子，可以含笑安息了。我还能说什么呢？千言万语化作一句话：好人——罗世谦。

作者曾任上海东湖集团所属丁香花园宾馆总经理

惜才爱才的罗书记

邱贵溪

2020 年 9 月 24 日晚上，我在微博上看到了一条罗世谦同志逝世的消息，不一会儿就看到了上海市干部教育中心老领导在我们香港班群里发的讣告，之后又了解了更多的信息，得知是一场突如其来的车祸夺走了他的生命，我感到无比悲痛，心里久久不能平静。

2000 年 5 月时，我是市委组织部选拔的上海市第二期赴香港高级专业人才培训班的一员。该项目是 1997 年香港回归后启动的，第一期学员于 1998 年赴港跨国公司参加工作学习，1999 年回沪。因为学员回沪后反响很好，所以市委又于 1999 年 10 月份启动第二期选拔。经过差不多 9 个月的 4 轮考试面试，最后从 218 位报名的候选人中选拔了 12 位同学作为第二期学员。这次为选拔优秀人才赴港工作学习，市委组织部在上海的三大报《文汇报》《新民晚报》和《解放日报》刊登了选拔消息，我们全部学员都是看到报纸消息才报名的，之后经过笔试、面试及组织考察选拔出来。学员来自各行各业，有体制内，也有体制外的，还有在外企工作的学员。我算是比较特殊的一位，刚刚参加了市委组织部的第七期青年干部班学习，经历了 3 个月的部队锤炼、井冈山革命老区 3 个月的农村锻炼以及党校两个月的政治理论学习，所以有幸成为第二期培训班的班长和临时党支部书记。

忆老罗 ▪

出发前，我们 12 人在上海市干部教育中心举行了赴港前为期两天的培训。第二天下午培训快结束后，时任上海市干部教育中心的领导告诉大家，老罗要来看看大家。我当时想，老罗是谁啊？原来是电视上经常看到的市委组织部部长罗世谦同志，那是我第一次近距离接触他。老罗聊天式地给大家讲了近半小时的话，从国际大局到国内形势，从为什么要选拔大家到香港的跨国公司工作学习到如何边工作边学习。他告诉大家，派大家到境外跨国公司工作学习一年时间是市委组织部培养高级专业服务人才的一次尝试，选拔出来的都是佼佼者，要好好珍惜这样的机会。老罗看着学员名单，还问了学员所在单位情况。他就像一位兄长一样，不讲客套话，也不打官腔，大家听后心里暖洋洋的。老罗讲话结束准备离开会议室时，不知道哪位学员说了一句："罗部长，我们可以和您合个影吗？"他立即停住脚步，说："可以啊！"记得当时是临时找来的照相机，也没有安排那种第一排坐下、第二排站立的标准集体照，大家就这样随意地站在会议桌边上，留下了一张十分珍贵的合影。那是我第一次见到老罗，他给我留下了一个兄长般、平易近人、毫无架子、讲话实实在在的印象。

第二次近距离接触老罗是在 2001 年的 10 月份，那是我们第二期香港班学员学成回沪在上海市委党校作汇报的时候。为了办好这次汇报会，干部教育中心的领导做了精心策划，等我们 8 月份回沪后，先后安排我们去市委党校与专家班一起学习，然后去井冈山接受革命传统教育。在香港工作学习一年，大家体会很深、很多，做好汇报工作是非常关键的一环。汇报会经过了精心安排，先是 13 位学员集体上台亮相，一人说一句在香港感受最深的话，然后由我代表班级作整体汇报，最后学员代表发言。坦率地说，汇报很震撼，也很成功。这从后来老罗的讲话可以看出来，此时的老罗已经是市委副书记兼组织部部长了。他先拿着稿子念了一小段，之后就脱稿直接谈汇报会的感受了，原定 20 分钟的讲话时间，老罗足足讲了一个小时。会场静悄悄的，他也谈到了自己年轻时去日本参加培训考察的体会，讲到香港班不一般的地方，因为我们是在参与具体项目的工作中学习，即干中学，学中干。我知道他既是说给我们学员听，也是说给学员所在单位的领导听，他要求各学员的单位领导对我们香港班的学员予以重任，压担子，让我们快速成长起来。我回校后一个月内就被我校党委任命为国际经贸研究所副所长。

多年过去，那个心心念念干部培养工作的老罗仍在眼前。

作者系上海对外经贸大学高级研修学院院长

罗世谦在旅游团的日子

杨瑶

罗书记走了。

那天一早我收到原先一位团员发来的消息。在我印象中他还是那么健朗精神的一个人啊，怎么如此突然……

惊愕悲恸中，罗世谦书记在我脑海中的一点一滴印象随着记忆翻滚袭来。

2017 年，我接到了带团生涯中最特殊的一个团——上海市委原副书记罗世谦和其夫人在即将出发的北欧旅游团中。他在 20 多人的普通旅行团中我们可如何安排是好，万一不小心怠慢了怎么办？

那时我还很年轻，满脸堆着青涩，更不通人情世故和处世技巧，在机场喊到罗书记名字时，竟不由得嗓子微微一颤，担心这样称呼是否合适。罗书记穿着运动鞋和冲锋衣，与一般出行的退休老人并无丝毫区别，不过步伐却轻快有力很多。

接待这样特殊的旅行团，我内心多少还是有点忐忑。其他客人并不知情，罗书记也非常低调平和，不想暴露身份，因而很多事情又得格外注意些。

团队抵达冰岛雷克雅未克机场，大伙换上保暖的衣衫后，便拉着行李箱往出口走。外面是狂风暴雨，刚抵达冰岛，这个岛国就用其出名的恶劣天气甩了个狠脸色给我们瞧。糟糕的是，到了这个时候，我们还是没有拿到大巴司机的信息，原来冰岛司机极其注意隐私，甚至不愿意将自己的手机号告诉旁人，哪怕是在工作上。导游只能在偌大的停车场根据地接社给的车牌号一辆辆去找。

抵达冰岛机场时的天气情况

所有人拉着行李挤在室外廊棚下等待肯定不是个好主意，我们遂安排客人返回室内坐着等候，而我作为领队留在原地照看行李。这时罗书记跑过来跟我说："小杨，我留下帮你一起照看大家的行李吧！"

我被吓到了，这样的话竟然出自罗书记的口中！要知道带了不少团队，遇上此类情况不指责埋怨就好，极少有客人能想到我们。没想到他这样身居高位的人，居然会主动放下身段去做这类平凡的小事！冰岛的强风把人吹得彻骨寒，罗书记的话语却汇成暖流溢满我全身。

几天后结束冰岛行程离开雷克雅未克，进入机场大厅刚准备自助打印登机牌时，我突然想起自己的水杯落在车上了，于是焦急地望向窗外，看大巴车是否已经离开。不过几秒钟的时间，罗书记竟走过来询问："小杨，你是不是落东西了？"对我这样一个小小的服务人员尚且如此关心，罗书记平日为人可想而知。每想到这里，我便不由得潸然泪下。

我们的旅行团队抵达瑞典的第一晚，住进了一家老旧的传统酒店。去过欧洲的人可能知道，老式酒店的电梯非常小，有的只能容下两三人，而且超载时也不会像国内电梯一样发出滴滴的警报声。如果人为超载导致酒店电梯损坏，很多欧洲酒店甚至还会向住客索赔。我向客人提醒在酒店乘坐电梯的注意事项后，大家一一拿房卡回房，结果不多久就有人慌张地跑来说我们的客人被困在电梯里了。我还心有抱怨，怎么刚提醒过的事情转头就忘，立马就超载了？

事情发生后，罗书记第一时间上手帮忙，一方面安慰被困在电梯里的团员，另一方面急切地催促酒店方解救。相比于我们对电梯超载的抱怨，他始终把人的安全置于第一位积极处理。从他的身上我学习到了很多东西，也从那刻开始深深反思自己的行为。

旅程行至尾声，在瑞典斯德哥尔摩前往芬兰赫尔辛基的渡轮上，我们将度过在波罗的海上的特殊一夜。然而，这丝毫没有想象中的浪漫，因为是普通旅游团，大家通通挤在四人间的舱房中。舱房完全没有窗户，空间狭小得连4个人的箱子都平展不开。

面对这样简陋的住宿条件，以前有些客人甚至会冲我们发火。

我也一直在担心，这如何让罗书记住呢？还要让他和别人挤在一间房里！而罗书记从头至尾未露出一丝不快，在我一间间房去检查、帮大家连船上的 Wi-Fi 时，罗书记还对我说着感谢的话。

行程后段，团队中终于有人认出了罗世谦书记，大家都难以置信：他这样位置的人还能用得着参加普通旅游团？！团里的阿姨们激动地握着我的手："小杨，你不知道罗书记的口碑多好，我们上海人民有多感恩和自豪有这样一位好书记！"

我至今难忘，在挪威哈当厄尔峡湾游船上，罗书记和我们所有人亲切地攀谈着。外面顶级的峡湾风光都黯然失色，比不了他的言行魅力，令大家心生敬佩！他公正客观的见解，也影响着我尚未完全形成的世界观，那份正气凛然、谦和朴素更是让人肃然起敬。

罗世谦书记的音容笑貌我现在回想起来都历历在目。他为人民服务一生，到了退休才终于有时间陪伴家人出游，看看世界。而即便是休闲性的旅游，他还是深扎在群众中，时时刻刻都在关心着

游轮上狭窄的内舱房

挪威哈当厄尔峡湾风景

普通人民，包括服务人员。毫不夸张地说，是他，让我见识了一位
真正优秀的共产党人，一位真正的人民公仆，更让我看到了我们这
个国家无比向上的正能量，为我们能有他这样的人民公仆而感动和
自豪。

旅行团成员在芬兰赫尔辛基白教堂前合影（罗世谦为后排正中，作者为前排左一）

　　罗书记虽然已经过世，但他的生命却并没有结束，反而在无限
延长。他的精神永存，激励后人永远向前！

　　　　　　　　　　作者系公众号"椰子旅行日记"撰稿人

后　记

罗世谦为官多年，同事下属习惯称他"老罗"。

生前，老罗总是脚踩一辆掉了漆的老式自行车，与上下班的市民一起融入车水马龙中。逝后，他又悄无声息地静卧在市郊一座普通公墓中，与他终生挚爱的父老乡亲日夜为伴。他用清廉诠释公仆本色，用"无我"奉献赤子之心。

2020年9月23日，这位"平民气"的高官不幸离去，引发了人们的无限哀思，许多人自发撰写的追忆文章通过网络迅速传播。在大量的痛惜追思中，他的执着信念，他的党员本色，他的官品官德，令人久久难忘。三年过去了，秋风又乍起，很多人提起老罗，依然忍不住落下热泪。

为了怀念老罗，更为了学习、传承他的高尚品质和精神，我们特将这些文章辑成《忆老罗》出版。在赵启正部长的倡议和直接领导下，《组织人事报》原副总编辑钟海珍具体组织和协调了本书的征稿、编审工作。听闻本书的出版计划，很多熟悉老罗的同志、朋友们提供了很多有价值的线索、文章、照片、视频等等；有已发表的，有未发表的，有老罗刚过世时写的，也有近两三年写的，我们均以本书出版时间的视角对所有文章进行了整理，并以罗世谦的人生经历为线索进行排序。我们尽量保留了每篇文章的原汁原味，对称呼形式不做强行统一，对文中提及的单位名称也按作者行文习惯保留简称。考虑到读者的阅读体验，我们对不同文章中多次重复的内容做了一些删减。

老罗的人格魅力让我们大家走到了一起，共同为本书出版倾心尽力。该书在整理出版过程中，得到了上海市纪委、上海市委组织部、上海市委党校、上海市老干部大学等很多单位的领导、同志的鼎力支持和帮助。

中共上海市委党校常务副校长徐建刚、上海市老干部大学校长周鸿刚、上海市老干部大学副校长查正和，中共上海市纪委原常委赵增辉，解放日报原高级记者、首席记者洪梅芬，中共上海市委组织部部刊总校对吴建初，丁香花园宾馆原总经理邱根发，以及上海交通大学出版社社长陈华栋等领导、专家在百忙之中拨冗对书稿进行了指导和反复的审读，提出了很多宝贵意见。上海党建文化研究中心主任王瑞红提供了多篇文章和照片，记者朱毓海拍摄并提供了很多珍贵照片及资料，记者张建群、王国义、陈丹凤，上海市老干部大学编研室主任孙梦蕾，上海交通大学出版社编辑黄婷蕙等克服各种困难，冒着酷暑积极参与采写、整理等工作。在此，还要特别感谢罗世谦的家人支持本书的出版工作，并为我们提供了罗世谦不同时期的照片。为了本书的出版，大家各尽所能，群策群力，我们一并向各位致以最诚挚的谢意！

参与本书编写的不少同志曾经离老罗很近，由衷地钦佩他的品行人格，深情地怀念他、学习他。遗憾的是，还有些同志因为身体、时间等原因，此次未来得及撰写文章。将来此书若有机会再版，我们热切期待着能收录更多文章、更多照片，描绘出一个更立体、更丰满、永远陪伴我们前行的老罗。

本书出版前，我们已经按照赵启正主编要求，通过各种途径尽力联系每一位作者，很遗憾仍有几位至今未能联系上，请这些作者见到此书后及时联系我们。书中如有错漏之处，敬请读者朋友们批评指正。